धैर्य एवं सहनशीलता

I0027337

आज आदमी को ऐसी दुनिया के बीच रहना पड़ रहा है, जहां चौतरफा जटिल परिस्थितियां हैं, धैर्य पलायन कर गया है, बदहवासी और जल्दबाज़ी का आलम है। उपभोक्ता संस्कृति, प्रतिस्पर्धा, आपाधापी और स्वार्थ भावनाएं चैन से जीने नही देतीं। इसके चलते परस्पर होड़ छिड़ गई है। हर कोई हर किसी को पीछे धकेल कर आगे बढ़ना चाहता है, ताकि जीवन में उन्नति करके सफल व्यक्ति बन सके, लेकिन ऐसा हो नहीं पाता। बौखलाहट, अस्तव्यस्तता, दिमागी खलल और तरह-तरह की रुकावटें उसके लिए सहज-सरल रास्ता नहीं बना पातीं। इसका कारण है, व्यक्ति में धैर्य और सहनशीलता का अभाव।

सहनशीलता मनुष्य को दिया हुआ ईश्वर का ऐसा दिव्य वरदान है, जो उसे सफल व्यक्ति ही नहीं, बल्कि आदर्श और इससे भी बढ़कर महान् बनाती है। गंभीर, शांत और सहज व्यक्ति ही हंसते-हंसते हर चोट को सहना जानता है और सहकर उन्नति के शिखर पर पहुंच जाता है।

अनुभवी लेखक **पवित्र कुमार शर्मा** द्वारा रचित **'धैर्य एवं सहनशीलता'** एक ऐसी पुस्तक है, जिसमें बताए गए 101 उपाय व्यक्ति में शील, संतोष, स्नेह, मधुरता, संयम, साहस, विवेक, उदारता, सहिष्णुता, कोमलता और सहजता कूट-कूट भर देते हैं और इस तरह मनुष्य की उन्नति का रास्ता बिल्कुल साफ़ हो जाता है। अतः इस दिव्य वरदान को अपने जीवन में अवश्य आत्मसात करें। आइए, सहनशील बनकर सच्चे और यथार्थ सपनों को साकार करें।

आत्म-विकास की
अन्य श्रेष्ठ पुस्तकें

वी एण्ड एस पब्लिशर्स की पुस्तकें

देश-भर के रेलवे, रोडवेज़ तथा अन्य प्रमुख बुक स्टॉलों पर उपलब्ध हैं। अपनी मनपसंद पुस्तकों की मांग किसी भी नजदीकी बुक स्टॉल से करें। यदि न मिलें, तो हमें पत्र लिखें। हम आपको तुरंत भेज देंगे। इन पुस्तकों की निरंतर जानकारी पाने के लिए विस्तृत सूची-पत्र मंगवाएं या हमारी वेबसाइट देखें!

www.vspublishers.com

धैर्य एवं सहनशीलता

(101 Ways to Develop Your Patience)

पवित्र कुमार शर्मा

वी एण्ड एस पब्लिशर्स

प्रकाशक

वी एण्ड एस पब्लिशर्स

F-2/16, अंसारी रोड, दरियागंज, नई दिल्ली-110002
☎ 23240026, 23240027 • *फैक्स:* 011-23240028
E-mail: info@vspublishers.com • *Website:* www.vspublishers.com

शाखाः हैदराबाद
5-1-707/1, ब्रिज भवन (सेन्ट्रल बैंक ऑफ इण्डिया लेन के पास)
बैंक स्ट्रीट, कोटी हैदराबाद-500 095
☎ 040-24737290
E-mail: vspublishershyd@gmail.com

वितरक:

- **पुस्तक महल®**, दिल्ली
  J-3/16, दरियागंज, नई दिल्ली-110002
  ☎ 23276539, 23272783, 23272784 • *फैक्स:* 011-23260518
  E-mail: info@pustakmahal.com • *Website:* www.pustakmahal.com
  बंगलुरू: ☎ 080-22234025 • *टेलीफैक्स:* 080-22240209
  पटना: ☎ 0612-3294193 • *टेलीफैक्स:* 0612-2302719

- **पी.एम. पब्लिकेशंस**
  - 10-बी, नेताजी सुभाष मार्ग, दरियागंज, नई दिल्ली-110002
    ☎ 23268292, 23268293, 23279900 • *फैक्स:* 011-23280567
    E-mail: pmpublications@gmail.com
  - 6686, खारी बावली, दिल्ली-110006
    ☎ 23944314, 23911979

- **यूनीकार्न बुक्स**
  मुम्बई :
  23-25, ज़ाओबा वाडी (वी०आई०पी शोरूम के सामने), ठाकुरद्वार, मुम्बई-400002
  ☎ 022-22010941 • *फैक्स:* 022-22053387

© **कॉपीराइट :** वी एण्ड एस पब्लिशर्स

ISBN 978-93-814485-6-4

संस्करण: 2011

मुद्रक: परम ऑफसेटर्स, ओखला, नई दिल्ली

जैसी परै सो सहि रहै, कहि रहीम यह देह ।
धरती पर ही परत सब, शीत घाम अरु मेह।।

—रहीम

सहनशील होना अच्छी बात है, परन्तु अन्याय का विरोध
करना उससे भी उत्तम है।

—जयशंकर प्रसाद

मनुष्य कटु उक्तियों को किसी प्रकार सह लेता है, परन्तु
जब उसके ग्रंथों और धर्म नेताओं पर आक्रमण होता है,
तब उसकी सहनशीलता की प्रायः समाप्ति हो जाती है।

—अयोध्या सिंह उपाध्याय

सहनशीलता सर्वोत्तम धर्म है।

—विक्टर ह्यूगो

जिसके पास धैर्य है, वह जो कुछ इच्छा करता है, उसे
प्राप्त कर सकता है।

—बेंजामिन फ्रैंकलिन

शोक में, आर्थिक संकट में अथवा प्राणान्तकारी भय
उपस्थित होने पर, जो अपनी बुद्धि से दुःख निवारण के
उपाय का विचार करते हुए धैर्य धारण करता है, उसे कष्ट
नहीं उठाना पड़ता ।

—वाल्मीकि रामायण

धैर्य का फल सदा मीठा होता है।

—रूसो

क्रम

64. स्वार्थ भावना त्यागें, परमार्थ की बात सोचें
65. परोपकार के कार्यों में लगे रहें
66. अनर्थ कर्मों से किसी बददुआ न लें
67. माया के सारे चक्रों से बचें
68. मोह-आसक्ति को मिटाते जाए
69. अपना आत्मबल बढ़ाए
70. योगाभ्यास एवं सतसंग में रुचि लें
71. ईश्वर-चिंतन करें
72. समझें इस संसार-नाटक के रहस्य को
73. स्वयं को निमित्त (ट्रस्टी) समझकर चलें
74. सबको परिधारी मानकर चलें
75. यश-प्राप्ति की अत्यधिक इच्छा न रखें
76. किसी भी बात पर व्यग्र एवं उत्तेजित न हों
77. मानसिक-तनाव से बचें
78. फील करना फेल होने की निशानी
79. हिम्मत के साथ जीवन का सफर तय करें
80. नींव की ईंट से शिक्षा लें
81. पेड़-पौधों से सीखें सहनशीलता का पाठ
82. सहनशील कृषक एवं मजदूर के जीवन का अवलोकन करें
83. जीवननुओं से सहनशीलता का पाठ पढ़े
84. प्राकृतिक सौंदर्य का अवलोकन करें
85. जल सा भृदुल और नम्र बनाए अपना जीवन
86. चोट सहकर पूज्य बनी पाषाण-प्रतिमा भी
87. बालक समान न रोते रहें
88. किसी को देखकर जलें नहीं
89. सदा सबको आगे बढ़ाना सीखें
90. दर-दर भटकने से बचें
91. क्रोधी व्यक्ति के ऊपर रहमभाव रखिए
92. मनोभावों को पढ़ने से क्या फायदा ?
93. अनुचित कर्म कोई भी न करें
94. सादगी से जीवन जीना सीखें
95. कुसंग से बचकर अपना चरित्र उज्ज्वल बनाए
96. शारीरिक शक्ति का दुरुपयोग मत कीजिए
97. सदा अपने मन को मंदिर मानकर चलें

98. प्रत्येक कर्म निष्ठा एवं लगन के साथ करें
99. जीवनदर्श अपनाकर सिद्धान्तवादी बनें
100. भेड़चाल की तरह न चलें
101. जग के धोखों से स्वयं को बचाए
102. तेल-मालिश से शरीर और मास्तिष्क दुरुस्त रखें
103. अपनी श्रेष्ठ क्षमता, सामर्थ्य या गौरव का स्मरणकर कर पुनः आम्बल प्राप्त करें
104. त्यागवान बनना सीखें
105. परिग्रह एवं लोभवृत्ति से बचें
106. अभिमान से दूर रहें
107. स्वभाव को कोमल एवं हर्षित बनाए
108. व्यवहार एवं स्वभाव में मधुरता अपनाए
109. समय के मुताबिक अपने को मोड़ लें
110. अपनी चैकिंग स्वयं करें।
111. अपनी अंतरात्मा में ज्ञान-प्रकाश फैलाईए
112. साधनों का आसरा छोड़ साधना करना सीखें
113. प्रभु को सोंप दें अपने जीवन की नैया
114. इच्छा-मात्रम-अविधा की स्थिति में रहें
115. आत्माभिमान या स्वाभिमान बनाए रखें
116. शरीर को यंत्र समझकर कार्य करें
117. संसार की समस्त भौतिक वस्तुओं को नश्वर मानकर चलें
118. एकांत के महत्त को समझें एवं एकाग्रता को अपनाए
119. प्रकृति के विविध रुपों से शिक्षा लें
120. अपने सहायक स्वयं बनें
122. संसार में अपने को अकेला ना समझें
123. अपने को कभी अनाथ समझकर कार्य करें
124. संसार की समस्त भौतिक वस्तुओं को नश्वर मानकर चलें
125. एकांत के महत्त्व का समझें एवं एकाग्रता को अपनाए
126. प्रकृति के विविध रूपों से शिक्षा लें
127. अपने सहायक स्वयं बनें
128. संसार में अपने को अकेला न समझें
129. अपने को कभी अनाथ समझकर दुःखी न हों
130. रोग की स्थिति में भी आनंदपूर्वक रहें
131. केवल दुःखी न हों

132. रोग की स्थिति में भी आनंदपूर्व रहें
133. केवल दुःख हतो परमेश्वर से अपने दर्द कहें
134. शान्तिसागर परमात्मा से मन की शान्ति तथा धीरज प्राप्त करें
135. सप्ताह में एक दिन मौन्व्रत रखें
136. अधिक वाचाल होने से बचें
137. व्यर्थचितंन एवं परदर्शन से मुक्त रहें
138. विकृत कामवासना त्यागे, मन-वचन-कर्म से पवित्र रहें
139. सूर्य चाँद-सितारे तथा पृथ्वी से सीखें सहनशीलता का पाठ
140. सदैव साक्षी भख में रहें तथा हृदय विशाल बनाए

कथन

आज के दौर में सहनशीलता की मनुष्य को पग-पग पर आवश्यकता पड़ती है। परिस्थितियों की प्रतिकूलता एवं मनुष्यों के कड़े स्वभाव के कारण आज हर आदमी का सहनशील बनना आवश्यक हो गया है।

यदि आप अपने जीवन में सहनशील नहीं रहेंगे, तो परिस्थितियों के आगे हार जाएंगे तथा हर कोई आपको परेशान करने की कोशिश करेगा। मनुष्य की सहनशीलता के ऊपर गंभीर रूप से विचार करने के बाद मैंने ऐसी सौ से भी अधिक युक्तियाँ पाठकों के लिए इस पुस्तक में सुझाई हैं, जिन्हें अपना कर आप सदैव शांत एवं प्रसन्नतापूर्वक जीवन यापन कर सकते हैं।

इस पुस्तक में क्या है; इसे तो आप पढ़कर ही जानेंगे, बहरहाल मैं गुप्ता साहब और उनके मण्डल को इस बात की बधाई देता हूँ कि उन्होंने ऐसी महत्त्वपूर्ण पुस्तक को अपने संस्थान से प्रकाशित करना स्वीकार किया।

धौलपुर, राजस्थान

—पवित्र कुमार शर्मा

अंदर के पृष्ठों में

1

सहनशीलता : अर्थ की गहराइयाँ

'सहनशीलता' दो शब्दों की सन्धि (सहन + शील) से बना हुआ शब्द है। इस प्रकार सहनशीलता को कायम रखने के लिए आदमी में दो बातों का होना अत्यंत ज़रूरी है :

(1) सहनशक्ति तथा (2) शील स्वभाव।

यदि परिस्थिति को शील या संतोष-भरे स्वभाव से नहीं सहा जाए, तो वह सच्ची सहनशीलता नहीं कहला सकती। कुछ लोग 'परिस्थितियों से मजबूरी में किए हुए समझौते' को सहनशीलता मानते हैं, किन्तु ऐसी दशा में आदमी अपने आपको बोझ से दबा हुआ महसूस करता है। वह चाहकर भी सहज नहीं हो पाता।

शील स्वभाव का मतलब है–धैर्य, संतोष, त्याग तथा सहजता। ऐसे लोग स्वभाव से बहुत मधुर प्रकृति के होते हैं।

सहनशीलता सागर जैसी गंभीर मनोदशा की अपेक्षा रखती है। वास्तव में गंभीर, शांत तथा अंतर्मुखी रहने वाला व्यक्ति ही जीवन की हर चोट सहन कर पाता है। ऐसे लोगों को अपनी मान-प्रशंसा या दिखावा पसंद नहीं होता।

सच्चा सहनशील व्यक्ति त्यागी पुरुष होता है। वह दूसरों की सुख शान्ति के लिए अपना दिन का चैन तथा रातों की नींद भी गँवा देता है। अक्सर परोपकार के अच्छे कार्यों में व्यस्त रहता है।

आम आदमी के लिए जीवन में सहनशील बनना बहुत जरूरी है किन्तु, सच पूछा जाए तो सहनशीलता एक प्रकार की साधना या तपस्या है। जिस प्रकार आध्यात्मिक मार्ग का साधक माया के हर रूप विघ्न को सहन करता है। उसी प्रकार सहनशील व्यक्ति को अपना अपमान, निंदा, अपनी बुराई इत्यादि सभी कुछ सहन करना पड़ता है।

जिस प्रकार आग में पड़कर सोना कुन्दन बन जाता है। उसी प्रकार सहनशीलता की भट्ठी मनुष्य को जीवन का अत्यंत अनुभवी, सत्य-असत्य का पारखी बनाकर कुन्दन जैसा बना देती है।

सहनशीलता वह कसौटी है, जिस पर खरा उतरकर व्यक्ति साधारण नहीं रहता, महान बन जाता है। उसका दृष्टिकोण बदल जाता है। उसके कर्म श्रेष्ठ और अलौकिक बन जाते हैं।

दुनिया में आज तक जितने भी महापुरुष हुए हैं, वे सहनशीलता के कारण ही महान बने हैं। समय और परिस्थितियाँ तो प्रत्येक व्यक्ति पर आती हैं किन्तु कुछ लोग उन्हें रोकर तथा कुछ हँसते-हँसते सहन करते हैं।

सहनशीलता धैर्यवान व्यक्तियों का लक्षण है। जिस व्यक्ति में यह गुण होता है, उसमें शील, संतोष, स्नेह, मधुरता, संयम, साहस, विवेक आदि सभी कुछ होता है। ईश्वर की ओर से सहनशीलता मानव को दिया गया एक उपहार है।

सहनशीलता से व्यक्ति के आत्मविश्वास में वृद्धि होती है तथा वह जीवन में निर्भय रहना सीखता है।

जिन व्यक्तियों में सहनशीलता नहीं है वे अपने मन को एकाग्र करके इस गुण को प्राप्त कर सकते हैं। ईश्वर की मधुर-स्मृति से भी इसे आसानी से प्राप्त किया जा सकता है।

आज के दौर में यदि मनुष्य सहनशील बनकर नहीं रहे तो उसका जीना दूभर हो जाए। सहनशीलता की हमें पग-पग पर आवश्यकता पड़ती है। इस गुण के अभाव में व्यक्ति कमज़ोर माना जाता है।

आइए, हम जीवन का प्रत्येक क़दम आत्मविश्वास के साथ आगे बढ़ाएं तथा हर पग सहनशील बनने का प्रयास करें।

2

सहनशीलता से लाभ

सहनशीलता से मनुष्य को जीवन में कई प्रकार के लाभ मिलते हैं। इन सभी लाभों की जानकारी हम ज्ञान-लाभार्थ निम्नलिखित सूची के रूप में दे रहे हैं :

1. सहनशीलता से हर मुश्किल आसान बनती है।
2. सहनशीलता से जीवन की गहराई और विशालता का पता चलता है।
3. सहनशील व्यक्ति जीवन के अनुभव को आसानी से प्राप्त कर समय से पूर्व ही अपनी वैचारिक परिपक्वता को पा लेता है।
4. सहनशील व्यक्ति को किसी का डर नहीं रहता।
5. वह अपने जीवन का प्रत्येक क़दम आत्मविश्वास के साथ आगे बढ़ाता है।
6. सहनशीलता गंभीरता लाती है।
7. सहनशीलता व्यक्ति को आत्मसंयमी बनाती है।
8. सहनशील व्यक्ति हमेशा उदार होता है। वह किसी के साथ कटुता अथवा कठोरता का व्यवहार नहीं करता।
9. सहनशील व्यक्ति दुःख में सदा मुस्कराता रहता है।
10. वह अपनी सहनशीलता के बल पर शत्रु को भी अपना मित्र बना लेता है।
11. सहनशीलता मनुष्य को सकारात्मक दृष्टिकोण प्रदान करती है। सहनशील मानव का प्रत्येक क़दम आशा भरा होता है। जीवन में वह कभी निराश नहीं होता।
12. सहनशीलता अनेक प्रकार की अच्छाइयों को जन्म देती है। इस गुण के कारण मनुष्य अच्छा सोचने लगता है।
13. सहनशीलता एक प्रकार की वीरता है। साहसी और वीर पुरुष ही सहनशील होता है।
14. समय की तीव्र धूप या प्रतिकूल परिस्थितियां सहनशील व्यक्ति का कुछ नहीं बिगाड़ सकतीं।
15. सहनशील मानव हर हाल में संतुष्ट और प्रसन्न रहता है।
16. सच्चा सहनशील व्यक्ति प्रभु के प्रति आसक्त होता है, प्रभुप्रिय होता है तथा प्रभु के ऊपर आश्रित होता है।
17. सहनशीलता मनुष्य को सोचने का सही विवेक प्रदान करती है। अधैर्य या क्रोध की अवस्था में मानव इसे, यानी विवेक को भूल जाता है।

18. सहनशीलता अपने आवेश और क्रोध पर विजय पाने का सबसे आसान तरीका है। यह दूसरों का क्रोध भी ठंडा कर देती है।
19. सहनशील व्यक्ति शुभभावना संपन्न होते हैं।
20. सहनशीलता मनुष्य के अंदर दूसरों के प्रति सहानुभूति का भाव जगाती है।
21. रोग की स्थिति में हर्षित रहने का सरल उपाय सहनशीलता है।
22. सहनशीलता हमारी जग-भर की चिन्ताएँ एवं पर परेशानियाँ दूर करती हैं।
23. सहनशीलता मनुष्य को महान बनाती है।
24. सहनशीलता व्यक्ति की आत्मशक्ति एवं सामर्थ्य को प्रकट करती है।
25. सहनशील व्यक्ति जीवन का हर क़दम बड़ी समझदारी से बढ़ाता है। वह कोई भी कार्य करने से पहले दस बार सोचता है तथा कार्य के परिणाम के प्रति सावधान रहता है। यही कारण है कि सहनशील व्यक्ति को जीवन में बहुत कम असफलता मिलती है।
26. एक बार हार जाने के बाद भी सहनशील व्यक्ति निराश नहीं होता। वह पराजय से शिक्षा लेकर जीवन का अगला क़दम बहुत हिम्मत के साथ आगे बढ़ाता है।
27. सहनशील व्यक्ति आयु में छोटा होते हुए भी बड़ा है। दूसरे शब्दों में 'सहनशीलता मनुष्य के बड़प्पन को सिद्ध करती है।'
28. सहनशील व्यक्ति क्षमावान होता है। वह दूसरों के द्वारा कही गई छोटी बातों का बुरा नहीं मानता।
29. उसका जीवनादर्श महान होता है।
30. सहनशीलता जीवन का आशा भरा संदेश है।

3
असहनशीलता से हानियाँ

जो व्यक्ति जीवन में सहनशील नहीं रह पाते, उन्हें बहुत कठिनाइयाँ उठानी पड़ती हैं। सहनशीलता के अभाव में अथवा असहनशीलता से पैदा हुई जीवन की हानियों का संक्षिप्त ब्यौरा इस प्रकार है :

1. असहनशील व्यक्ति सदैव अपने आप में असंतुष्ट रहता है।
2. उसका स्वभाव चिड़चिड़ा हो जाता है। वह बात-बात पर आवेश से भर क्रोध करने लगता है।
3. सहनशीलता के अभाव में व्यक्ति अपने आप पर नियंत्रण खो देता है।
4. वह किसी भी कारण से शीघ्र भयभीत होने लगता है।
5. असहनशील व्यक्ति परिस्थितियों का सामना करने की अपने अंदर हिम्मत नहीं जुटा पाता।
6. सहनशीलता के अभाव में आदमी अपना विवेक खो देता है। दूसरे शब्दों में असहनशीलता अज्ञान तथा अविवेक को जन्म देती है।
7. असहनशीलता मनुष्य में निराशा को जन्म देती है।
8. इसके कारण मनुष्य अपना आत्मविश्वास खो बैठता है तथा किसी भी कार्य में जल्दी हिम्मत हार जाता है।
9. असहनशील व्यक्ति समय की मार या दुःख को रोते-रोते सहता है। विपत्ति उसे पहाड़ लगने लगती है।
10. असहनशीलता अनेक प्रकार की शारीरिक एवं मानसिक व्याधियों को जन्म देती है।
11. यह व्यक्ति के अन्दर तनाव बढ़ाती है।
12. असहनशील व्यक्ति दूसरों के गुण या विशेषताएँ देखने के बजाय उनकी कमजोरियाँ अथवा बुराइयाँ ही देखता है। वह दूसरों से भी उन बुराइयों का वर्णन कर सबकी नज़र में उस व्यक्ति को गिराना चाहता है।
13. असहनशीलता क्षमाभाव की विरोधी है। असहनशील व्यक्ति औरों की छोटी से छोटी बात का भी बुरा मान जाता है।
14. असहनशीलता मनुष्य की लघुता सिद्ध करती है।
15. असहनशील आदमी कोई भी काम पूरी तरह से सोच-समझकर नहीं करता वह धीरज के बजाय जल्दबाजी में अपना काम करता है। इससे उसे आगे चलकर बहुत हानि उठानी पड़ती है।

16. एक बार असफलता या पराजय मिलने पर असहनशील व्यक्ति का हृदय ही टूट जाता है।
17. असहनशीलता मनुष्य की आत्म दुर्बलता तथा सामर्थ्यहीनता को प्रकट करती है।
18. असहनशीलता मनुष्य के पतन की निशानी है।
19. यह अधैर्य, उच्छृंखलता, अविवेक, जल्दबाजी, असंयम एवं मानसिक अशान्ति को जन्म देती है।
20. असहनशीलता मनुष्य के लिए अनेक प्रकार की परेशानियाँ एवं चिन्ताएँ खड़ी करती है।
21. असहनशील व्यक्ति झगड़ालू प्रकृति का हो जाता है। उसके चेहरे की रौनक़ समाप्त हो जाती है। चेहरा विकृत हो जाता है।
22. असहनशील व्यक्ति अपने रोग को असंयम एवं अधैर्य के कारण बढ़ा लेता है। वह सबके आगे अपना रोना लेकर बैठ जाता है।
23. असहनशील व्यक्ति कभी किसी के प्रति सच्ची सहानुभूति नहीं रख सकता।
24. उसमें शुभ भावनाओं का स्रोत प्रायः सूख चुका होता है। वह हर बात में केवल अपना ही स्वार्थ देखता है।
25. असहनशील व्यक्ति जीवन के पूर्ण अनुभव से रहित, अपरिपक्व मानसिकता वाला होता है।
26. असहनशीलता मनुष्य की गंभीरता समाप्त कर देती है।
27. असहनशील व्यक्ति के स्वभाव का पता नहीं चलता। वह पल में रोने, पल में हँसने लगता है। बिना बात दूसरों के साथ कटुता का व्यवहार करने लगता है।
28. असहनशीलता के कारण व्यक्ति के मित्र भी पराये बन जाते हैं।
29. असहनशीलता मनुष्य में नकारात्मक विचार पैदा करती है।
30. असहनशीलता एक प्रकार की कायरता है।

4

सहनशील व्यक्ति ही सबसे महान्

मनुष्यों में महान वही, जो सहनशील है। सहनशीलता की आवश्यकता हमें पग-पग पर पड़ती है। सच पूछिए तो मानव आज अपनी हालत से सहनशीलता की कमी के कारण ही गिरा है।

सहनशील बनकर आदमी, आदमी नहीं रहता बल्कि वह देवों की श्रेणी में आ जाता है। कठिन से कठिन परिस्थितियाँ भी उसे अपने लक्ष्य से विचलित नहीं कर सकतीं। वह एक बार जो ध्येय साध लेता है, आजीवन उसी रास्ते पर चलता रहता है।

भारत की आज़ादी के लिए कितने सारे लोगों ने अपनी जान की कुर्बानियाँ दीं, देशभक्तों ने अनेक शारीरिक यातनाएँ सहीं। यह पृथ्वी माता भी मनुष्यों का कितना भार सहन करती है।

अपने महान् गौरवशाली राष्ट्र में माता को पूज्य रूप में देखा जाता है। वह शिशु के प्रसव, उसके लालन-पालन एवं देखभाल करते समय कितने कष्ट सहती है। इस कारण भारत देश की माता महान मानी गई है।

सहनशीलता के उपरोक्त उदाहरण व्यक्ति की महानता को ही तो सिद्ध करते हैं। इस गुण के कारण आदमी समाज में सदा के लिए वंदनीय बन जाता है।

महानता कौन प्राप्त नहीं करना चाहता किन्तु महान बनने के लिए आवश्यक अच्छाइयाँ कितने लोग धारण कर पाते हैं ? सहनशीलता महान बनने के लिए आवश्यक अच्छाइयों में से एक है। यह मनुष्य के स्वभाव से संबंधित है। इसे धारण करके व्यक्ति आसानी से महान बन सकता है।

किन्तु सहनशील बनना इतना आसान काम नहीं है। जो अपने अपमान का दुःख न करे, जिसमें कष्ट को सहने की सामर्थ्य हो वही सदैव सहनशील रह सकता है।

एक बार व्यक्ति के अंदर सहनशीलता की पक्की नींव पड़ जाने पर यह उसके संस्कारों में समाहित हो जाती है। कुछ व्यक्ति इसी प्रकार पूर्वजन्म से सहनशीलता का गुण लेकर उत्पन्न होते हैं।

सहनशीलता का आनुवंशिक होना अनिवार्य नहीं है, किन्तु यह अर्जित लक्षण अवश्य है। मनुष्य यदि चाहे, तो अपनी विवेक संपन्न धारणा शक्ति से इसे प्राप्त कर सकता है। आनुवंशिक होने का मतलब है—माता-पिता से प्राप्त गुण या लक्षण, जो एक पीढ़ी से दूसरी पीढ़ी में जीन द्वारा प्रवाहित होते हैं। कई मायने में सहनशीलता मनुष्य के परिवेश और उसकी तात्कालिक परिस्थितियों से सबसे ज्यादा प्रभावित रहती है।

सहनशीलता मनुष्य में देवत्व जगाती है। सहनशीलता के आ जाने से संतोष, धैर्य, विवेक, संयम, गंभीरता, उदारता, अंतर्मुखता आदि महान बनाने वाले अन्य गुण भी व्यक्ति के अंदर अपने आप आ जाते हैं।

दुनिया वाले आपको लाख बुरा कहें, लेकिन आप किसी की बात का बुरा मत मानिए। सारी बातों को मुस्कराहट के साथ 'अच्छा है-अच्छा है' कहकर टालते जाइए।

सच पूछिए तो इस संसार में जो कुछ भी होता है, कुछ नया नहीं होता है। हम सब सृष्टिनाटक की पूर्व निर्धारित योजना के अनुसार दुनिया में अपने क्रिया-कलाप करते हैं। यदि यह बात हमको हमेशा याद रहे तो हम जीवन में सदा सहनशील रह सकते हैं।

धन्य हैं वे लोग जो दुनिया के दुःख-दर्द सहते हैं, क्योंकि वे ही आने वाले समय में परमात्मा के राज्य के निकट होंगे। निर्धन लोग विपत्ति में भी अपना ध्यान प्रभु से लगाए रहते हैं, इसीलिए तो ग़रीब नवाज़ ईश्वर को गरीबों की अधिक चिन्ता रहती है।

संत कबीर, लालबहादुर शास्त्री तथा गोपाल कृष्ण गोखले जैसे महापुरुषों को तो निर्धनता ने ही महान् बनाया। यदि वे धन-वैभव के चक्कर में पड़कर विलासी जीवन जीते तो कभी किसी के आदर्श नहीं बन पाते। महात्मा गाँधी जी ने यद्यपि एक संपन्न परिवार में जन्म लिया परंतु, धन को उन्होंने अधिक महत्त्व नहीं दिया। अपने सत्य-अहिंसा के सिद्धांत के लिए वे आजीवन संघर्ष सहते रहे और अंत में स्वतंत्रता की लड़ाई में विजयी हुए। यह जीत उनकी सहनशीलता की जीत थी।

जो व्यक्ति सहनशील नहीं रह पाता वह अंत तक अपने आदर्श और सिद्धांतों पर स्थिर नहीं रह पाता। महान वही है जो सहनशील है, क्योंकि वही जीवन की समस्त प्रतिकूल परिस्थितियों का अच्छी तरह से मुकाबला कर सकता है।

5

प्रतिकूल परिस्थितियों में विजय

जीवन में कई मोड़ ऐसे आते हैं जब मनुष्य को एक साथ कई विपत्तियों या कठिनाइयों का सामना करना पड़ता है। ऐसी मुश्किलों को प्रतिकूल परिस्थितियाँ कहा जाता है। अचानक निर्धनता, बीमारी, दुर्घटना, मृत्यु का आ जाना प्रतिकूल परिस्थिति ही है।

ऐसा नहीं है कि जीवन की धारा सदा अनुकूल बहती चले। जिंदगी में कई बातें ऐसी हो जाती हैं जो हमारी इच्छा के विरुद्ध होती हैं, किंतु उन विरोधाभास भरी परिस्थितियों या प्रतिकूल स्थिति में भी सहनशीलता के बल पर अपनी स्थिति (आत्मविश्वास) बनाए रखना बहादुरी है।

यह तो हम जानते ही हैं कि आज आदमी कितना स्वार्थी हो गया है। दुनिया में हर कोई एक दूसरे को ठगने की कोशिश कर रहा है। शोषण, अन्याय तथा भ्रष्टाचार का बाज़ार भी दिन प्रतिदिन गर्म होता जा रहा है।

ऐसे में आदमी का अपनी स्थिति में टिकना बड़ा मुश्किल लगता है, परंतु जो व्यक्ति सहनशील होते हैं वे खराब से खराब परिस्थिति को भी अपने अनुकूल बना लेते हैं तथा हर हाल में खुश रहते हैं। भूतकाल में हुई अपनी हानियों की अधिक परवाह न कर वे बड़े साहस, धैर्य और आत्मविश्वास के साथ ज़िंदगी का सफ़र तय करते हैं।

प्रतिकूल परिस्थितियाँ या विपत्तियाँ हमारी परीक्षा लेने के लिए आती हैं। जो लोग आत्मविश्वास के धनी और सहनशील होते हैं वे उन परिस्थितियों पर आसानी से विजय प्राप्त कर लेते हैं और हर हाल में खुश रहते हैं।

6
समभाव में रहना सीखें

श्रीमद्भगवद्गीता में स्थितप्रज्ञ[1] व्यक्ति के बारे में कहा गया है कि वह अपने मान-अपमान, सुख-दुःख, स्तुति-निंदा, जीवन-मृत्यु, हानि-लाभ और यश-अपयश की परिस्थितियों में हमेशा समान रहता है। सहनशील व्यक्ति के लिए आवश्यक है कि वह अपने अपमान और निंदा की बातों का बुरा न माने तथा किसी को दोष न दे।

समझदार व्यक्ति वही है जो दूसरों में दोष न देखकर हमेशा अपनी कमज़ोरियों अथवा ग़लतियों की ओर देखता है।

स्थितप्रज्ञ व्यक्ति की तरह सहनशील आदमी को सदैव अपने आत्मभाव या समभाव की स्थिति में रहना चाहिए। इससे वह हर प्रकार की मुसीबत से बचा रह सकता है।

श्रीमद्भगवद्गीता की बहुत सारी बातें मनुष्य को सहनशील बनने की शिक्षा देती हैं। सचमुच ज्ञानपूर्ण बातों को सुनकर या पढ़कर हमारे मन का अधैर्य समाप्त होता है तथा आत्मिक शान्ति का आभास होने लगता है। इस दृष्टि से आध्यात्मिक ज्ञान से मनुष्य को बहुत से लाभ हैं।

यदि कोई आपकी अधिक प्रशंसा करे तो आप फूले न समाएँ, यदि कोई निंदा या अपमान करे तो उसकी बात का बुरा न मानें। तभी आप सदा सहनशील रह सकते हैं। आपको इतना अवश्य पता होना चाहिए कि वर्तमान समय में प्रायः प्रत्येक मनुष्य काम, क्रोध, लोभ, मोह, अहंकार इत्यादि मनोविकारों के वशीभूत हैं। इसलिए आपको यदि कोई बुरा कहे या आपसे कोई कटु शब्द कहे, तो कोई आश्चर्य की बात नहीं होगी।

फिर मनुष्यों से तो भूलें होती ही रहती हैं। अतः आप किस-किस की बात

---

1. स्थितप्रज्ञ मनुष्य के लक्षण :

दुःखेष्वनुद्विग्नमनाः सुखेषु विगतस्पृहः।
वीतरागभय क्रोधः स्थितधीर्मुनिरुच्यते।। अ. 2 श्लोक-56
यः सर्वत्रानभिस्नेहस्तत्तत्प्राप्य शुभाशुभम्।
नाभिनन्दति न द्वेष्टि तस्य प्रज्ञा प्रतिष्ठिता ।। अ. 2 श्लोक-57
(अर्थात् दुःखों की प्राप्ति होने पर जिसके मन में उद्वेग नहीं होता, सुखों की प्राप्ति में जो सर्वथा निस्पृह है तथा जिसके राग, भय और क्रोध नष्ट हो गए हैं। ऐसा मुनि स्थिर बुद्धि कहा जाता है।
जो पुरुष सर्वत्र स्नेहरहित हुआ उसे शुभ या अशुभ वस्तु को प्राप्त होकर न प्रसन्न होता है और न द्वेष कर करता है, उसकी बुद्धि स्थिर है।)

का बुरा मानेंगे। कभी आपसे भी कोई भूल हो सकती है, क्योंकि कलियुग में मनुष्य को ग़लतियों का पुतला माना जाता है।

यह सब सोचकर आप सबके प्रति क्षमाभाव व शुभभावना रखिए। इससे आपका जीवन बहुत शान्तिमय तरीके से गुजरेगा।

जो व्यवहार हमें पसंद न हो, वैसा व्यवहार हम दूसरों के साथ न करें। इससे दूसरों की तथा हमारी अवस्था भी खराब होगी।

समभाव का मतलब है एकरस स्थिति में रहना। आध्यात्मिक जगत का साधक इस एकरस अवस्था को परमात्मा के स्नेह-रस में विभोर होकर प्राप्त कर सकता है, किन्तु विभिन्न प्रकार के मनोविकार, कुसंग, अशुद्ध मन तथा अन्य छोटी-मोटी बुराइयों या अवगुण से परहेज रखे, इसके बग़ैर हम ऐसी श्रेष्ठ स्थिति को प्राप्त नहीं कर सकते।

यदि आप परमात्मा के प्रति अधिक आस्थावान नहीं हैं, तो अपनी अंतरात्मा के शान्ति स्वधर्म में स्थित होना सीखिए, या फिर देह से न्यारी–अपनी आत्मावस्था में रहने का अनुभव प्राप्त कीजिए। इससे आप हमेशा सहनशीलता की एकरस अवस्था या समभाव में रह सकेंगे।

7
अंतर्मुखी सदा सुखी

कभी-कभी मनुष्य बहुत वाचाल होने के कारण बाह्यमुखता में आ जाता है। इससे उसके मन की एकरस अवस्था या शांतावस्था टूट जाती है। फलस्वरूप उसकी सहनशीलता में कभी कमी आ जाती है।

बाह्यमुखी आदमी प्रायः अपने आप से असंतुष्ट दिखाई देता है क्योंकि इधर-उधर की बातों में वह अपने मन की शक्ति को वृथा ही गँवा देता है। इससे उसका मन पूर्णता या एकाग्र नहीं हो पाता तथा मन में खालीपन एवं उदासी रहती है।

दूसरी ओर, सहनशील व्यक्ति सदैव हर हाल में संतुष्ट तथा प्रसन्न रहता है। सच्चे सहनशील व्यक्ति सदैव अंतर्मुखी ही रहते हैं। वे ज़्यादा बातचीत में अपना समय खराब नहीं करते। उनके मुख के बोल बहुत ही कम, मधुर एवं धीमे स्वर के होते हैं। जोर-जोर से बोलना उन्हें नहीं आता।

अधिक तेज बोलने से फ़ायदा भी क्या है। ज़्यादा बोलकर हम अपने साथ-साथ दूसरों का भी समय नष्ट कर उनका अहित कर देते हैं। समझदारी इसमें ही है कि हम चुप रहना सीखें तथा आवश्यकता के समय ही बोलें।

अंतर्मुखता का मतलब है अपने मन को आत्मा की ओर लगाना या अंतरात्मा की ओर उन्मुख होना। अंतर्मुखी व्यक्ति सदैव अपने आत्मचिंतन में ही व्यस्त रहता है। वह इधर-उधर की बातों की तरफ बहुत कम ध्यान देता है। इससे उसके मन में सहनशीलता तथा शान्ति का अनोखा आनंद बना रहता है।

अंतर्मुखी होकर रहने से मन की समस्त बिखरी हुई शक्तियाँ इकट्ठी हो जाती हैं, इससे मनुष्य अपने आप में आत्मबल एवं समर्थता का अनुभव करता है।

अंतर्मुखी व्यक्तियों को कहीं बाहर से खुशी या सहनशक्ति माँगने की आवश्यकता नहीं पड़ती। उनका मन सदैव एकाग्र एवं प्रसन्न रहता है तथा संपूर्ण मानसिक शक्तियों के इकट्ठा होने के कारण उन्हें अपने अंदर सहनशीलता की अपरिमित सामर्थ्य महसूस होती है।

मनुष्य की आत्मा अपने आप में सुख पूर्ण है। यदि हम अपना समय आत्मचिंतन में लगाएँ तो सदैव के लिए परमानंद की प्राप्ति कर सकते हैं।

8

गंभीरता धारण करें

गंभीरता सागर या समुद्र का पहला गुण है। साधारण व्यक्ति उसकी गहराई को नहीं नाप सकता। कहा जाता है कि समुद्र में बड़े-बड़े हीरे-मोती एवं रत्न छिपे हुए रहते हैं।

जब कोई व्यक्ति सागर जैसा गंभीर बन जाता है, तो वह अपने ज्ञान अनुभव रूपी अनमोल रत्नों को छिपाए रहता है। उसके अंदर सबकी बातों को समाने की शक्ति आ जाती है। जिस प्रकार समुद्र अपनी गंभीरता व गहराई के कारण सब नदियों को अंदर समा लेता है उसी प्रकार गंभीरता धारण करने वाला व्यक्ति भी समाज की ऊँच-नीच की बातों को या अपने अपमान, निंदा की बातों को अपने हृदय में समा लेता है।

यही बात मनुष्य की सहनशीलता बढ़ाती है। गंभीर हुए बिना हम कभी भी सहनशील नहीं बन सकते।

ठीक इसी प्रकार जो व्यक्ति गंभीरता से पूर्ण नहीं हो पाते वे इधर-उधर की बातों में अपनी आत्मस्थिति बिगाड़ लेते हैं।

मनुष्य अपने जीवन में तीन अवस्थाओं–क्रमशः बाल, युवा, वृद्धावस्था से गुजरता है। गंभीरता को वह बचपन में धारण नहीं कर पाता, इसलिए कोई बात उसके मन में टिक नहीं पाती, उसका मन सदैव अस्थिर या चंचल रहता है। वह जरा-जरा सी बात पर असहनशील हो जाता है। परंतु धीरे-धीरे बड़ा होने पर उसके अंदर गंभीरता का गुण आने लगता है। अब वह सब बातों को सोचने समझने या मन में समाने लग जाता है। उसके जीवन में स्थिरता आने लगती है तथा वह बात-बात पर बिगड़ने या अपनी स्थिति को खराब करने की बजाय शांत रहना सीख जाता है।

गंभीरता मनुष्य के विवेक को प्रकट करती है। यह समझदारी की उपयुक्त निशानी है। ज्ञानवान, विद्वान, योगी, महापुरुष या सिद्धिप्राप्त व्यक्तियों के जीवन में गंभीरता का गुण प्रायः देखने में आता है। केवल इसी गुण की वजह से साधक अपनी साधना की पूर्णता को प्राप्त कर सकता है। सहनशील बनने के लिए गंभीरता का होना सबसे आवश्यक बात है।

9

आत्मविश्वास अपना कभी न छोड़ें

जो व्यक्ति अपना आत्मविश्वास खो बैठता है, वह शीघ्र ही असहनशील हो जाता है। आत्मविश्वास का मतलब है स्वयं के ऊपर या अपने आप पर भरोसा करना। व्यक्ति का 'स्व' उसका आत्मस्वरूप ही है।

आत्मविश्वास के धनी व्यक्ति कभी भी किसी कार्य में हिम्मत नहीं हारते। वे अपने जीवन का प्रत्येक क़दम अत्यंत उत्साह और हिम्मत के साथ आगे बढ़ाते हैं।

ईश्वर भी उन्हीं की मदद करता है, जिनका अपने आप पर भरोसा होता है। चींटी आत्मविश्वास का धनी जीव है। वह अपने आत्मविश्वास के बल पर अपने से कई गुना भार आसानी से उठा लेती है।

निस्संदेह चींटी आत्मविश्वास का धनी जीव है, किन्तु यह क्षमता मनुष्यों के अंदर अधिक मात्रा में होनी चाहिए, क्योंकि मनुष्य, सृष्टि का सबसे समझदार प्राणी होता है।

आत्मविश्वास की मात्रा सच्चे साधक अथवा तपस्वी पुरुषों में अधिक होती है। जो लोग जीवन में अपना कोई लक्ष्य साध लेते हैं, वे आत्मविश्वास के जरिए सफलता प्राप्त कर लेते हैं।

आत्मविश्वास सहनशीलता को मज़बूती प्रदान करता है। सहनशीलता की ईंट आत्मविश्वास के सीमेंट के साथ बड़ी आसानी से चिपककर मनुष्य के सुंदर भविष्य रूपी इमारत का निर्माण करती है।

जिन लोगों का आत्मविश्वास टूट जाता है, वे हमेशा असमंजस या परेशानी की स्थिति में सदैव यही सोचते रहते हैं कि मैं क्या करूँ, कैसे करूँ ? जबकि आत्मविश्वास वाला इस प्रकार के प्रश्नों से अलग सदैव निश्चिंत स्थिति में रहता है। वह जीवन के प्रतिपग में सहनशीलता का संयम बरतता है।

परिस्थितियाँ कभी-कभी विकराल रूप धारण करके मनुष्य के जीवन की परीक्षा लेने आती हैं। किन्तु ऐसे नाजुक समय में आदमी को बहुत साहस और धैर्य रखना चाहिए तभी उसका आत्मविश्वास कायम रह सकता है।

आत्मविश्वास के बल पर मनुष्य कुछ भी कर सकता है। वह यदि चाहे, तो पर्वत काटकर सुगम पथ बना दे, दरियाओं का रुख मोड़ दे। आत्मविश्वास वाले व्यक्ति की जीवन में कभी हार नहीं हो सकती, यह बात बिलकुल सत्य है।

10
विवेकपूर्वक निर्णय लें

जब मनुष्य परिस्थिति पर गंभीर रूप से विचार नहीं कर पाता तो वह गलत निर्णय ले बैठता है, जिस कारण उसे भविष्य में बहुत गंभीर परिणाम भुगतने पड़ते हैं। सोच-समझकर या विवेकपूर्वक विचार करके लिया गया निर्णय ही सही माना जाता है।

जब मनुष्य अपने अविवेक के कारण किसी बात का गलत अर्थ लगा लेता है तो उसकी सहनशीलता कमजोर पड़ जाती है। उसे अन्य व्यक्तियों से चिड़चिड़ाहट होने लगती है। सोचे गए अपूर्ण निर्णय के कारण वह अपने आप में बड़बड़ाता रहता है।

जीवन की स्थिति या परिस्थिति चाहे कैसे भी हो, आवश्यकता है, उसके ऊपर गहन विचार करने की। मनुष्य की सहनशीलता इसी बात में है कि वह किसी भी बात से व्यग्र, उग्र या उत्तेजित न होकर संपूर्ण स्थिति पर गहराई से विचार करे। इससे वह समस्या का समाधान आसानी से प्राप्त कर सकता है।

मिस्टर 'एक्स' कभी किसी बात पर गहराई से विचार नहीं करते। वे सदा हर बात में अनुमान ही लगाया करते हैं। यही कारण है कि उनको हर बात में धोखा मिलता है। बात-बात में वे अपनी सहनशीलता खोकर अत्यंत परेशान होने लगते हैं, परंतु मिस्टर 'वाई' हर बात को बड़े ध्यान से सुनते हैं, प्रत्येक विषय पर गहराई में चिंतन करते हैं तथा विवेकसम्मत निर्णय लेकर ही किसी कार्य को करते हैं। यही कारण है कि उनको जीवन में कभी असफलता या धोखे का मुख नहीं देखना पड़ता। हर बात में उनकी सहनशीलता कायम रहती है।

और मिस्टर 'जैड' को देखिए ! ये साहब मध्यवर्ती अवस्था के हैं। अपनी मर्जी के मालिक। रुचि की बात पर ज़्यादा ग़ौर फरमाते हैं परंतु जिस बात से इन्हें कोई मतलब नहीं उसकी ओर ये तनिक ध्यान भी नहीं देते। इस कारण इन्हें कभी सफलता कभी असफलता मिलती है। कभी-कभी ये समय के धोखे से भी ठग लिए जाते हैं और सदैव सहनशील न रह सकने के कारण कभी-कभी ये बहुत परेशानी में भी पड़ जाते हैं।

सहनशील मनुष्य की स्थिति मिस्टर 'वाई' की तरह होनी चाहिए। यदि हम विवेक को सदा अपने साथ रखकर चलेंगे, तो समय के हर धोखे से बच जाएँगे तथा जीवन में सदा के लिए सहनशक्ति से पूर्ण बन जाएँगे।

सही समय पर किया गया सही निर्णय ही व्यक्ति को जीवन में सफलता प्राप्त कराता है।

11

स्वयं को देखें, किसी को दोष न दें

जब हम किसी के ऊपर एक अँगुली उठाते हैं, तो बाकी तीन अँगुलियाँ हमसे कहती हैं कि दूसरों को देखने से पूर्व तुम अपने आपको देखो !! देखो !!!

सच बात है। हमें किसी को दोष लगाने का कोई अधिकार नहीं। समझदार व्यक्ति औरों पर व्यर्थ के दोषारोपण करने में अपना समय बर्बाद नहीं करता।

मनुष्य में खुद के अंदर कई सारी सूक्ष्म बुराइयाँ होती हैं परंतु वह अपने आपको न देख दूसरों की कमी, कमजोरियाँ अथवा बुराई टटोलकर अपना मन खराब करता रहता है।

बुराई ऐसी चीज़ है, जो हमारे या किसी के कोई काम की चीज नहीं। इसलिए जिस प्रकार हमें दूसरों के अंदर बुराई देखना पसंद नहीं आता, उसी प्रकार अपने अंदर भी हम बुराइयों से घृणा करें तथा अपनी समस्त बुराइयाँ निकालने का प्रयत्न करें।

कोई चाहे कितना ही बुरा क्यों न हो किन्तु हमें उससे नफ़रत नहीं करनी चाहिए। परम पिता हमें किसी भी इंसान से नफ़रत करना नहीं सिखाते। ईश्वर की संतान होने के नाते हम सबकी मनुष्यात्माएँ आपस में भाई-भाई हैं। ईश्वर सर्व गुण संपन्न है, अतः उसकी संतान होने के कारण आत्मा के अंदर कोई न कोई गुण या विशेषता अवश्य होती है। कालप्रभाव के कारण आत्मा के अंदर आज बुराइयाँ एवं गिरावट आ गई हैं।

हमारा कर्त्तव्य है कि हम किसी भी मनुष्य की बुराइयाँ न देख उसकी आत्मा

की अच्छाइयाँ ढूँढ़ने का प्रयत्न करें। जब हम हर एक को अच्छे रूप में देखेंगे, तो हमारे अंदर हरेक के लिए घृणा नहीं, बल्कि प्रेम उत्पन्न होगा। कोई हिन्दू, मुस्लिम,

सिक्ख, ईसाई, बौद्ध, जैन, पारसी, यहूदी आदि किसी धर्म का क्यों न हो, अपने वास्तविक स्वरूप में वह आत्मा ही है। आत्मा मनुष्य की देह से न्यारी एवं चैतन्य शक्ति है, जो मस्तिष्क-यंत्र की सहायता से संपूर्ण शरीर का संचालन करती है।

हमें किसी से घृणा नहीं करनी चाहिए। ईसामसीह ने भी कहा है कि घृणा पापी से नहीं, बल्कि उसके पाप या बुराई से करो। मनुष्य की समस्त बुराइयाँ ही समस्त पापों की जड़ हैं, इसलिए हमें उन बुराइयों को मिटाने का प्रयत्न करना चाहिए।

उपरोक्त सभी बातों की समझ हमारे मन की सहनशीलता बढ़ाती है। संकीर्ण एवं संकुचित दृष्टि से निकलकर हमें जीवन में विशाल दृष्टिकोण अपनाना चाहिए, ताकि हम सबसे स्नेह कर सकें तथा जीवन में सदा सहनशील बन सकें।

12

क्षमाभाव अपनाएँ

क्षमाशीलता वीरों का लक्षण है। क्षमा करने वाला व्यक्ति हमेशा बड़ा माना जाता है। महात्मा गौतम बुद्ध और ईसामसीह की क्षमाशीलता विश्व प्रसिद्ध है। कहते हैं कि वे अपने विरोधियों के प्रति भी ईर्ष्या या शत्रुता का भाव न रख, सबसे प्रेम करते थे।

मान लीजिए आपके परिवार में कोई ज़्यादा शैतान है, या बच्चे अधिक शोर मचाते हैं अथवा आपका कोई पड़ोसी आपके साथ उद्दंडता का व्यवहार करता है तो आप इन सबके प्रति कड़ा रुख कभी न अपनाएँ। इससे आप जीवन में कभी शांत व सहनशील न रह सकेंगे।

यदि आप अपने जीवन में सदा सहनशील बनना चाहते हैं, तो दूसरों की ग़लतियों से घबराने की बजाय प्रेम की विधि से उनकी कमी निकालना सीखिए और सबके प्रति क्षमा भाव अपनाइए।

एक चिकित्सक मरीज को सुई लगाने से पहले उसके शरीर या त्वचा को सहलाता है, रुई से साफ करता है। चूहा भी किसी को काटता है तो फूँक देकर काटता है। इससे चोट लगने वाले व्यक्ति को चोट का कम अहसास होता है।

माना कि आप अपनी नेक नीतियों और सत्यता, ज्ञान के बल से समाज को सुधारना चाहते हैं परंतु इसके लिए आपको अपना स्वभाव बहुत मधुर बनाना होगा। कड़वी रीति से या कठोर तरीके से कहा गया सत्य भी शीघ्र ग्रहणीय नहीं होता।

बिगड़े हुए को सुधारने के लिए ज़रूरी है कि आप उसके प्रति घृणा भाव न रख क्षमा भाव अपनाएँ। एक डॉक्टर ख़राब से ख़राब हालत वाले मरीज़ के प्रति भी अपने मन में कभी घृणा भाव नहीं लाता। यदि वह उनके प्रति घृणा भाव लाने लगे तो मरीज़ों का कभी उचित ढंग से इलाज या देखभाल नहीं कर पाएगा।

ईश्वर कितना दयावान है। वह कभी किसी मनुष्य की बुराइयाँ नहीं देखता और न उनसे नफ़रत करता है। आप भी उस पारलौकिक परमपिता के समान श्रेष्ठ बनने का प्रयत्न कीजिए। इससे आपके जीवन की सहनशीलता पर कभी कोई आँच नहीं आएगी।

यदि आप अपने जीवन में क्षमा भाव अपनाएँगे तो कोई भी व्यक्ति या परिस्थिति आपको परेशान या विचलित नहीं कर सकेगी। क्षमाशील व्यक्ति सदा संतोषी होता है। वह दूसरों के द्वारा कही गई उलटी-सीधी बात का बुरा नहीं मानता। इधर-उधर की फ़ालतू बातों में न फँस वह अपने लक्ष्य के प्रति सार्थक कर्म करने में लगा रहता है।

13

शुभ सोचें, शुभ बोलें, शुभ कर्म करें

आदमी जो सोचता है या मन में भाव रखता है, वही कहता है और वैसा ही कर्म करता है। बुरे कर्म करने वाले लोगों के दिमाग में अवश्य बुरे प्रकार के विचार रहते होंगे। प्रायः कुसंग में फँसकर ही व्यक्ति के मन में ऐसे विचार आते हैं, किन्तु ये बुरे विचार मानव की सहनशीलता पर बहुत बुरा प्रभाव डालते हैं।

बुरे विचारों वाला व्यक्ति कभी आत्मसंयमी नहीं हो सकता। वह परिस्थिति के प्रति शीघ्र असहनशील बन जाता है। अच्छे विचार रखने वाला व्यक्ति धैर्यवान होता है। वह अपना आत्मसंयम हमेशा कायम रखता है और हर परिस्थिति का बड़े ही साहस के साथ मुकाबला कर सहनशील बना रहता है।

शुभ विचार मानव के जीवन की सर्वश्रेष्ठ पूँजी है जिसके पास शुभ विचार हैं, वही व्यक्ति दूसरों का भला कर सकता है। सद् विचारों से जहाँ व्यक्ति के स्वयं के विवेक तथा जीवन की उन्नति होती है, वहीं वह दूसरों के जीवन को भी लाभ पहुँचाता है। श्रेष्ठ संकल्पों के प्रकंपन (Vibrations) समाज और संसार के वातावरण को अच्छा बनाने वाले होते हैं।

एक आदर्श व्यक्ति वही है जो सदैव अच्छा सोचता है, अच्छे बोल बोलता है तथा अच्छा ही कर्म करता है। दूसरों के हित या परोपकार के लिए किए जाने वाले कर्म सबसे अच्छे माने जाते हैं। परमार्थ के कार्यों से मनुष्य को समाज के सब लोगों की दुआएँ प्राप्त होती हैं तथा उसके विरोधी भी सहयोगी एवं मित्र बन जाते हैं।

यदि कोई आपके बारे में अच्छे विचार न रखता हो, तो आप इस बात से परेशान न हों। दूसरे लोग चाहे जैसा सोचें या करें, हमें उससे कोई लेना-देना नहीं। जहाँ तक हो सके आप उनके अच्छा बन जाने की प्रार्थना ईश्वर से कीजिए तथा सबके साथ हमेशा अच्छा व्यवहार कीजिए यदि आप अपने मन-वचन-कर्म द्वारा किसी का दिल दुःखाने की कोशिश करेंगे, तो याद रखिए, आप अपने जीवन में फिर कभी सहनशील नहीं हो पाएँगे तथा इस बात का आपको आगे चलकर बहुत पश्चात्ताप व दुःख झेलना पड़ेगा।

प्रायः इन्हीं सब बातों से मनुष्य का जीवन क्लेशमय बन जाता है। वह तनावयुक्त होकर चिड़चिड़ा रहने लगता है। मन-वचन-कर्म से आप ऐसी कोई भूल न करें, जिससे आपको अपनी सहनशीलता गिरवी रखनी पड़े।

14

शत्रुता के भाव से मुक्त रहें

शत्रुता की पहचान मनुष्य के चेहरे की रेखाओं से स्पष्ट मालूम नहीं पड़ती। कामवासना की तरह यह बुराई भी मनुष्य को अंदर ही अंदर खोखला बनाने वाली है।

शत्रुता बैर भावना के फलस्वरूप उत्पन्न होती है। मिसेज़ पॉल की अपनी पड़ोसिन सावित्री से शत्रुता है, क्योंकि उसके घर नया रंगीन टी.वी., वॉशिंग मशीन, फ्रीज तथा मारुति कार है। मिसेज़ पॉल के पति की आमदनी इतनी नहीं है कि वे कार खरीद सकें। यह एक प्रकार की शत्रुता है, जो प्रायः पड़ोसियों और मित्र संबंधियों के मध्य देखी जाती है।

ग़फूर भाई[1] हमारे शहर का 'दादा' माना जाता था। वह व्यापारियों से शत्रुता रखता था। दुकानदारों से वह मनमाना हफ़्ता वसूल करता। आज वह बूढ़ा हो गया है। उसे कोई पानी के लिए भी नहीं पूछता। उसके सारे चेले गुंडे उसे छोड़कर चले गए। आज वह अपनी करनी पर पछता रहा है।

शत्रुता कभी व्यक्ति को चैन से नहीं बैठने देती। यह मनुष्य की शारीरिक, मानसिक शक्तियों को क्षीण कर उसे असहनशील बना देती है। इस प्रकार की दुर्भावना वाले आदमी को कभी किसी बात से संतोष नहीं मिलता। शत्रुता वश वह दूसरों का हमेशा अहित करने की बात सोचता रहता है।

यह भावना मनुष्य के पतन की निशानी है, इसलिए जितना जल्दी हो सके, इसे छोड़ देना चाहिए। यदि आप सबके प्रति शुभभावना रखें, तो ऐसी दुर्भावनाओं से सदा के लिए मुक्त बन सकते हैं।

जो लोग वास्तविक रूप से सहनशील होते हैं, वे सबके प्रति सहानुभूति एवं स्नेह का भाव रखते हैं। इसलिए दूसरों के प्रति ईर्ष्या-द्वेष अथवा कटुता उनके अंदर पैदा नहीं होती। ऐसे लोग अपनी सहनशीलता के कारण आनंदपूर्वक ज़िन्दगी बिताते हैं। यदि हम शत्रुता से मुक्त होना चाहते हैं तो हमें अपने अंदर सबके प्रति संतोष और प्रेम का भाव पैदा करना होगा। तभी विश्व को सुखदाई बना सकेंगे।

---

1. कल्पित नाम।

15

सद्गुणों को धारण करें

वैसे तो सहनशीलता भी एक सद्गुण है परंतु सहनशीलता के साथ-साथ और भी कई अच्छे गुण हैं जो मनुष्य को धारण करने चाहिए। ईमानदारी, सत्यता, कर्त्तव्यनिष्ठा, प्रभुप्रेम, विवेकशीलता, उदारता, सरलता तथा मधुरता आदि ऐसे ही गुण हैं, जिन्हें धारण करने से मनुष्य की सहनशीलता कम नहीं होती, बल्कि वृद्धि को पाती रहती है। सद्गुणों से मनुष्य के चरित्र और व्यक्तित्व का विकास होता है। सद्गुणों की दिव्य सुगंध को आप किसी शीशी में भरकर नहीं रख सकते। वह तो स्वतः ही चारों ओर फैलती रहेगी। जिस प्रकार कोई अवगुण किसी के छिपाए नहीं छिपता, वह सबको दीख ही जाता है, उसी प्रकार सद्गुण भी सबके आगे प्रत्यक्ष होते हैं। अच्छी चीज़ तो सब किसी को भली लगती है। यदि आपके अंदर सद्गुण होंगे, तो आप सबको अच्छे लगेंगे तथा सद्गुणों की विशेषता के कारण आप शीघ्र ही समाज में लोकप्रिय बन जाएँगे।

सहनशील बनने में सद्गुण हमारी बहुत मदद करते हैं। यदि आप विवेकशील, मिलनसार, मधुर स्वभाव वाले, विनम्र तथा सत्यप्रिय हैं, तो आप जल्दी सहनशील बन सकते हैं। अवगुणों से युक्त व्यक्ति कभी सच्चा सहनशील नहीं होगा। वह तो अवगुण और कुसंग के कारण अपना जीवन खराब करने के साथ-साथ दूसरों का भी अहित करता है।

सद्गुण कैसे और कहाँ से धारण किए जाएँ, यह प्रश्न भी विचारणीय है। अच्छे गुण कई प्रकार से धारण किए जा सकते हैं। इसके लिए आपको अच्छे लोगों से संपर्क बढ़ाना पड़ेगा। किसी भी व्यक्ति से मिलते या बातचीत करते समय आप उसके अवगुणों को न देख अच्छाइयों एवं गुणों को देखने का प्रयत्न करें तथा दूसरों के जीवन की विशेषताओं को स्वयं में धारण करने का प्रयत्न करें। अच्छी पुस्तकें इस विषय में आपकी काफी मदद कर सकती हैं। सद्गुण धारण करने के लिए आपको स्वाध्याय में रुचि रख प्रेरणादायक सद्साहित्य का अध्ययन, मनन, चिंतन करना चाहिए तथा किताब में लिखी बातों को अपने जीवन में उतारने का प्रयत्न करना चाहिए, इससे आप शीघ्र गुणसंपन्न एवं सहनशील बन सकते हैं। सद्गुण रूपी जल की सिंचाई करने से सहनशीलता का पौधा दिनोदिन वृद्धि पाता रहता है।

16

हमेशा बड़ों का आदर करना सीखें

दूसरों को मान-सम्मान देने से मनुष्य का कुछ भी नहीं घटता और न ही वह छोटा हो जाता है। आदर देना एक प्रकार का सद्व्यवहार है जो व्यक्ति को सहनशील तथा लोकप्रिय बनाता है। सभ्य और सुशिक्षित परिवारों में बच्चों को सिखाया जाता है कि वे बड़ों का आदर करें, उनका कहना मानें—इससे उनकी बहुत सारी भूलें दूर होंगी। औरों को मान देने से ही मनुष्य को सम्मान मिलता है। यदि आपने किसी का आदर करना नहीं सीखा, तो कहीं आपका भी निरादर हो सकता है।

बाअदब बानसीब, बेअदब बदनसीब। अर्थात्—दूसरों का आदर करने वाला भाग्यशाली होता है। दूसरों का निरादर करने वाला दुर्भाग्य को पाता है।

हमारे देश में अतिथि सत्कार का बड़ा महत्त्व है। यह भी एक प्रकार के आदर भाव को प्रकट करता है। घर में बच्चे अपने माता-पिता का आदर करते हैं। सुबह उठकर उनके पैर छूते हैं। यह एक प्रकार का शिष्टाचार है जिससे व्यक्ति की सहनशीलता में कमी नहीं आती, बल्कि उसकी सहनशीलता और भी बढ़ती है।

यदि आप अपने से बड़ों को ठीक ढंग से आदर देंगे, तो वे बहुत सोच समझकर आपको आपकी ग़लती पर समझाएँगे। हो सकता है फटकारने की बजाय वे आपको प्रेमपूर्वक समझा दें ताकि आप आगे से वैसी भूल न दोहराएँ। देखिए, आदर भाव ने किस प्रकार आपकी सहनशीलता की रक्षा की।

महाभारत में दुर्योधन एक अत्याचारी पुरुष और भीष्म पितामह मर्यादित महापुरुष माने जाते हैं। परंतु जब दुर्योधन भीष्म पितामह के पास जाकर विनम्रता पूर्वक उनके पैर छूता था तो भीष्म पितामह का हाथ आशीर्वाद के रूप में सहज और स्वतः ही उसके सिर पर उठ जाया करता था। यही कारण था कि उन्होंने सब कुछ जानते हुए भी दुर्योधन की मदद कर अन्याय का साथ दिया।

मतलब यह कि आदर भावना शीघ्र ही अन्य मनुष्यों को अपना शुभचिंतक एवं सहयोगी बना लेती है। स्नेह एवं आदर भाव से दुश्मन भी अपने मित्र बन जाते हैं और विरोधी लोग विरोधभाव त्याग देते हैं। इस प्रकार आदर भावना रखने से मानव की सहनशीलता अपने आप ही रक्षित हो जाती है।

दूसरों को आदर देने में हमारा जाता ही क्या है ? आदर भाव मनुष्य की महानता या उसके बड़प्पन को बताता है। आदर देकर आप किसी से भी अपना कठिन से कठिन काम आसानी से निकाल सकते हैं।

17

रूखे न रहें, रूठे न रहें, मिलनसार बनें

रूठे सुजन मनाइए, जो रूठें सौ बार।
पुनि-पुनि मुक्ता पोइए, टूटे मुक्ताहार।।

जब कोई किसी से रूठ जाता है, तो उसे मनाया जाता है और मनाने पर भी वह नहीं मानता, तो व्यक्ति असहनशील हो जाता है। इसी प्रकार अधिक रूखा-सूखा व्यक्ति भी असहनशील प्रकार का होता है।

उपरोक्त दोनों बातों के अंदर जिस चीज़ की कमी दिखाई देती है, वह है– मिलनसारी। जब आदमी का स्वभाव मिलनसार नहीं होता, तो वह किसी से अधिक मिलना-जुलना या बात करना पसंद नहीं करता। अकेलापन ही उसे ज्यादा अच्छा लगने लगता है किन्तु कभी-कभी ज्यादा अकेलापन भी मनुष्य के लिए खतरनाक होता है। अकेले में आदमी के दिमाग में तरह-तरह के ख्याल आते हैं, जिनका यदि वह कोई हल न निकाल पाए तो वह असहनशील हो जाता है।

मिलनसारिता के अभाव में स्वभाव में रूखापन एवं कठोरता आती है। इससे व्यक्ति जगह-जगह कई लोगों की निंदा का पात्र बन जाता है।

समाज में रहते हुए यदि आप सबके साथ कदम से कदम मिलाकर चलें, तो ज्यादा अच्छा है। इससे आप समाज या व्यक्ति के संग सहनशीलता को लेकर लंबे समय तक टिक सकेंगे। यदि आप में मिलनसारी का गुण नहीं आया, तो शनैः-शनैः आप समाज के लोगों से कटने लगेंगे।

किसी भी प्रकार के संगठन या एकता में रहने के लिए मिलनसारी सबसे आवश्यक गुण है। इससे आप संगठन में लंबे समय तक जीवित रह सकते हैं तथा संगठन की एकता को अधिक से अधिक मजबूत बना सकते हैं।

मिलनसारी का सहनशीलता से बहुत घनिष्ठ संबंध है। आप अपने मित्र की बात आसानी से सहन कर सकते हैं परंतु अपने विरोधी या शत्रु की नहीं क्योंकि शत्रु के साथ आपका मिलनसारिता का व्यवहार नहीं होता जबकि मित्र के साथ आप प्रतिदिन उठते बैठते हैं।

संसार का हर कोई संबंध इसी मिलनसारिता के आधार पर पक्का होता है। यदि व्यक्ति मिलनसार बनना सीख ले, तो वह धीरे-धीरे अपने आप ही सबके प्रति सहनशील होने लगता है।

मिलनसारिता अपने एवं दूसरों के बीच किया गया स्नेह का बंधन है, जिससे मनुष्य का जीवन-पथ सुगम बन जाता है।

18

सदैव श्रेष्ठ लक्ष्य रखें

यों तो मनुष्य की सहनशीलता ही अपने आप में एक बड़ा लक्ष्य है किन्तु इस सहनशीलता को हम जीवन के किसी विशिष्ट उद्देश्य के साथ सहायक शक्ति के रूप में प्रयुक्त कर सकते हैं।

विश्व में नाना प्रकार के लक्ष्य लेकर लोग जीवनयापन करते हैं। इनमें से कुछ के जीवन-लक्ष्य श्रेष्ठ, कुछ के साधारण और कुछ के निकृष्ट होते हैं। लक्ष्य के अनुसार आदमी का रहन-सहन, खान-पान, व्यवहार तथा आचार-विचार होता है।

जीवन में हमें सदैव ऊँचे लक्ष्य तथा ऊँचे विचारों को स्थान देना चाहिए। जो लोग अपने जीवन में अच्छा दृष्टिकोण रखते हैं, उन्हें सहनशील बनने के लिए किसी प्रकार की मेहनत नहीं करनी पड़ती। आमतौर से विद्यार्थी स्कूल-कॉलेज की पढ़ाई करके सरकारी अफसर बनना चाहता है। कुछ लोग आई.ए.एस. पी.सी.एस., आई.पी.एस. की परीक्षाएँ देकर प्रशासनिक अधिकारी या पुलिस अधिकारी बनने की तमन्ना रखते हैं परंतु सहनशीलता की आवश्यकता उन्हें वहाँ भी पड़ती है। यदि वे जीवन के आरंभिक काल से ही सहनशील बनना सीख लें तो उन्हें जीवन के किसी भी क्षेत्र में असफलता या दुःख की प्राप्ति नहीं हो सकती।

सब लक्ष्य पूर्ण करने से पहले आदमी को अपने सम्मुख अच्छा इंसान बनने का लक्ष्य रखना चाहिए। सहनशीलता, धैर्य, विवेक तथा संयम आदि गुणों को धारण करके ही वह इस प्रकार के महान् लक्ष्य की प्राप्ति कर सकता है। यदि व्यक्ति के जीवन का उद्देश्य स्पष्ट हो तो उसे कार्य के चुनाव में किसी प्रकार की दिक्कत नहीं आ सकती। कार्य स्पष्ट होने से वह सदा उमंग उत्साह तथा लगनपूर्वक अपने काम में लगा रहेगा तथा जीवन की परिस्थितियों के प्रति सहनशील बनेगा।

अच्छा लक्ष्य जीवन-पथ की हर बाधा को दूर करता है। उसके सहारे मनुष्य में अपनी परिस्थितियों से लड़ने की शक्ति आ जाती है। अपना लक्ष्य पकड़कर चलने वाला व्यक्ति कभी किसी बात की परवाह नहीं करता। वह दूसरों द्वारा कही गई उल्टी-सीधी बातों के ऊपर अधिक ध्यान नहीं देता। यही कारण है कि वह बड़ी आसानी से सहनशीलता की नौका में तैरता रहता है तथा परिस्थितियों के भँवर में फँसने से बच जाता है। सहनशीलता की नाव के साथ यदि धैर्य की पतवार हो, तो आप अपने जीवन को प्रत्येक मुश्किल या विघ्न से बचा सकते हैं।

19

सबकी सुनें, करें मन की

सहनशील व्यक्ति हमेशा धैर्यवान होता है। वह सबकी बातों को बड़े ध्यानपूर्वक ढंग से सुनता है परंतु उसे जो करना होता है, चुपचाप करता है। उसके कर्मों का पूर्वाभास बहुत से लोगों को नहीं हो पाता।

कई लोग अपने क्रिया-कलाप के बारे में बढ़-चढ़ कर बात किया करते हैं। वे कहते अधिक हैं, करते कम हैं। प्रायः बाह्यमुखी व्यक्ति ही ऐसे होते हैं परंतु सहनशील व्यक्ति अंतर्मुखी होने के कारण कहता कम है, करता अधिक है। उसकी कथनी-करनी में अंतर बहुत कम देखने में आता है।

आप किसी की मनोभावनाओं से भले ही सहमत न हो पाएँ, परंतु उन्हें अपनी बात कहने का मौका अवश्य दीजिए। इस विश्व में बोलने का अधिकार सभी मनुष्यों के पास सुरक्षित है। कोई भी व्यक्ति अपने लिए न्याय एवं अधिकारों की माँग कर सकता है, परंतु उन्हें पूर्ति करना सुनने वाले की इच्छा पर निर्भर करता है।

न्यायालय में मुद्दे को लेकर कितनी बहस होती है। वकील लोग आपस में कितना जोर-जोर से लड़ते-झगड़ते (अर्थात् विवाद करते) हैं, परंतु न्यायाधीश उनसे यह कभी नहीं कहता कि आप न बोलें। वह तो अदालत में सबको अपनी बात कहने का मौका देता है, फिर उसे जो फैसला सुनाना होता है, गंभीर रूप से विषय पर विचार-विमर्श करने के दौरान, एक वाक्य में सुना देता है और उसके फैसले को स्वीकार भी करना पड़ता है। आप भी अपने मन को जज या न्यायाधीश की भाँति बनाइए और सबकी बातें ध्यानपूर्वक सुनिए। इससे आप अपनी तथा अनेक लोगों के जीवन की समस्याओं को निपटा सकेंगे।

सबकी बातें सुनने के पश्चात् आप अपने ज्ञान और विवेक के आधार पर फैसला करना सीखिए। निर्णय के सम्बन्ध में विचार करते समय आप मोहवश किसी की तरफ आकर्षित होने के बजाय केवल सत्य का पक्ष लीजिए। इससे आप तटस्थ फैसला सुना पाएँगे। इसी प्रकार कोई चाहे कुछ कहता रहे, आप वही कीजिए जो आपकी मर्यादा एवं सिद्धांतों के अनुकूल है। इन सब बातों को अपनाने से ही आप अपने जीवन में सदा सहनशील रह पाएँगे। सत्य का बल बहुत बड़ा बल होता है। हमें सबकी बातें कहते-सुनते हुए केवल सत्य का आश्रय ही ग्रहण करना चाहिए, सत्कर्म करना चाहिए तथा सच्चाई के मार्ग पर चलने की सबको प्रेरणा देना चाहिए।

20

छोटों को स्नेह तथा सम्मान दें

सम्मान केवल अपने से बड़ों को ही नहीं बल्कि छोटों को भी मिलना चाहिए। यदि आप उन्हें उचित सम्मान न दे सकते हों तो उन्हें कम से कम स्नेह तो दीजिए।

स्नेह की आज प्रत्येक मनुष्य को आवश्यकता है। स्नेह न मिल पाने के कारण कई लोग अपने जीवन से निराश या कुण्ठित हो जाते हैं और भटक जाते हैं। सबके स्नेह में पलने वाले व्यक्ति की जीवन शैली अलग ही होती है, परंतु सबका स्नेह तभी मिलता है जब व्यक्ति समाज की भलाई के कार्य करे या सबके सुख-दुःख का ख्याल रखे।

पिछले एक अध्याय में हमने बड़ों को आदर देने की बात कही थी। अपने से बड़ों का आदर हमें अवश्य करना चाहिए। यह मानव का शिष्टाचार कहता है। मान तो सभी को छोटों या बड़ों को प्रिय होता है। फिर किसी को स्नेह देने में हमारा जाता ही क्या है ? मानव की बात छोड़िए, पशु-पक्षी भी तो आपस में बहुत प्रेम करते हैं। प्रेम की भाषा पशु-पक्षी भी समझते हैं। बालक अबोध होता है, किन्तु वह भी प्रेम का अनुभव समझता है और दूसरों से प्रेम चाहता है। कहने का अर्थ यह है कि प्रेम भावना ईश्वर का अनुपम उपहार है।

जीवन में सदा सहनशील रहने वाला व्यक्ति सभी से प्रेम का व्यवहार करेगा। वह किसी की बात पर जल्दी गुस्सा नहीं होता, बल्कि बड़े संयम और धीरज से अपनी ज़िंदगी का समय गुज़ारता। दूसरों को स्नेह और सम्मान देने वाला व्यक्ति समाज में शीघ्र लोकप्रिय हो जाता है। लोग सहायता माँगने उसके पास आते हैं। वह सबके प्रति सहानुभूति एवं शुभकामना रखकर चलता है।

आत्मिक रूप से यदि देखा जाए तो न कोई छोटा है और न बड़ा। सब मनुष्यात्माएँ देह से न्यारी ज्योतिस्वरूप चैतन्य शक्तियाँ हैं। आयु शरीर की होती है, आत्मा की नहीं। यह आत्मज्ञान मनुष्य में सहनशीलता का भाव जगाता है, क्योंकि इससे व्यक्ति दूसरों को आत्मवत देखने लग जाता है एवं देहदृष्टि से उत्पन्न होने वाले समस्त भ्रम उसके टूट जाते हैं।

यदि हम सदैव यह समझें कि सब लोग आत्मरूप में परमपिता परमात्मा के अंश हैं, तब सभी स्नेह तथा सम्मान के अधिकारी हैं तो इस बात की धारणा से हमारी सहनशीलता की शक्ति और दृढ़ होगी। हम स्वयं भी सभी का प्यार पाने के पात्र बन जाएँगे।

21
श्रम से तनिक न घबराएँ

सहनशील और हिम्मत वाला पुरुष श्रम करने से तनिक नहीं घबराता। वह कठिन परिस्थितियों में भी अपने जीवन का मार्ग बना लेता है। जीवन क्षेत्र में सफल वही व्यक्ति होता है जो अथक पुरुषार्थ और लगन से अपना कार्य करता रहता है।

भला श्रम से घबराना कैसा ? जब व्यक्ति के मन में कमजोरी आती है, तो वह केवल श्रम से ही नहीं बल्कि अनेक बातों से भयभीत होने लगता है। श्रमशील मनुष्य का समाज में आदर होता है। श्रम से ही तो मनुष्य के जीवन का भाग्य निर्मित होता है।

समय का वेग शनैः-शनैः कितना तीव्र और प्रतिकूल होता जा रहा है, सो तो हम देख ही रहे हैं। यदि आप समय के मुताबिक परिश्रम नहीं करेंगे तो जीवन की दौड़ में पीछे रह जाएँगे।

जब आप श्रम से घबराने लगें, तो चींटी के जीवन से शिक्षा लें। वह अपने से कई गुना भार आसानी से उठा लेती है। सारे दिन धूप में इधर से उधर अपने कार्य में वह व्यस्त रहती है। हरे-भरे पेड़-पौधे भी समय की कितनी धूप, गर्मी सहते हैं। यद्यपि उन्हें भी अपने भोजन के लिए परिश्रम करना पड़ता है।

अपने परिवार का पालन करने के लिए किसान अपने खेतों में कितनी मेहनत करता है, मजदूर बोझा ढोता है परंतु फिर भी वे अपने कार्य से निराश नहीं होते। वे उसी कार्य में लगे रहते हैं तथा सफलता को पाते हैं।

कभी-कभी कड़े परिश्रम के बावजूद मनुष्य को कम प्राप्ति होती है अथवा कार्य में पूरी सफलता नहीं मिल पाती। इस बात से कभी हताश नहीं होना चाहिए। मनुष्य का जीवन बहुत बड़ा होता है। प्रायः देखने में आता है कि असफल होते-होते मनुष्य को अचानक सफलता की प्राप्ति हो जाती है। यदि व्यक्ति अंतिम समय तक धीरज रखता रहे तो जीवन में उसे सफलता अवश्य मिलती है।

सहनशीलता मनुष्य के श्रम की कठिनाइयों के दुःख को कम कर देती है। कठिनाइयाँ और श्रम झेलकर ही तो मनुष्य ऊँचा उठ पाता है। सहनशीलता मनुष्य की वीरता का लक्षण है। सदैव परिश्रमशील होना भी अपने आप में बहुत बड़ी सहनशीलता है। इससे जीवन में उन्नति होती है।

22

विपत्ति में भी प्रसन्न रहना सीखिए

गिरते हैं शहसवार ही मैदाने जंग में,
वो तिफ्ल क्या गिरेगा जो घुटनों के बल चले।

जो घोड़े पर कभी चढ़ा ही न हो उसे घोड़े से गिरने का क्या पता विपत्तियाँ मनुष्य पर आती हैं उसे धैर्य का दामन नहीं छोड़ना चाहिए।

विपत्तियों को सहनशील बनकर सहा जाये तथा संघर्ष सहते समय हमारे मन में किसी के प्रति शिकायत या दुःख का भाव भी न आए। तात्पर्य यह है कि आप हँसते मुस्कराते हुए जीवन में विपत्तियाँ सहें।

जीवन में सहना तो प्रत्येक व्यक्ति को पड़ता है किसी के सामने थोड़ी, छोटी-मोटी समस्याएँ आती है, तो कोई पहाड़ जैसी प्रतिकूल परिस्थितियों या कठिन विपत्तियों से जूझते हैं, परंतु विपत्तियाँ सहते समय हमें बहुत धीरज, संयम तथा विवेक से काम लेना चाहिए। यदि हो सके तो आप प्रभु को अपने साथ लेकर चलिए क्योंकि वह कृपालु भगवान आपको विपत्तियाँ सहने की असीम शक्ति देगा।

विपत्ति में सदा प्रसन्न वही रहता है, जो सहनशील बनकर चलता है। सहनशील मनुष्य के लिए समस्त विपत्तियाँ भी आसान हो जाती हैं तथा वह उसकी आत्मावस्था परिपक्व करने का साधन है, जिन्दगी का तोहफा है। विपत्तियाँ सहते हुए आप सदैव यह याद रखें कि विपत्तियाँ सदा ठहरने वाली नहीं हैं और इन्हें सहकर ही आपके सुख व आनंद के दिनों का आगमन होगा।

23

आदर्श व्यक्ति का उदाहरण सामने रखें

'आदर्श' (आ + दर्श) का मतलब होता है 'दर्शनीय या दर्शन के निकट। दुनिया में बहुत सारे लोग ऐसे होते हैं, जो साधारण प्रकार का जीवन जीते हैं, किन्तु कुछ लोगों के कार्य व्यवहार तथा स्वभाव संस्कार एकदम विशिष्ट प्रकार के होते हैं। वे ही दर्शनीय या आदर्श पुरुष माने जाते हैं। साधारण कार्य करने वाले लोगों के जीवन में दर्शन करने वाली कोई चीज़ नहीं होती। इसलिए वे किसी के आदर्श भी नहीं होते, परंतु जो लोग परोपकारी होते हैं, वे दूसरों को परोपकार या सद्कर्म की प्रेरणा देने वाले बन जाते हैं।

आदर्श व्यक्ति के आचार-विचार, दिनचर्या आदि सभी चीज़ें संयमित प्रकार की होती हैं। वह शारीरिक एवं मानसिक दृष्टि से भी स्वस्थ रहता है। ऐसे श्रेष्ठ व्यक्तियों के जीवन का अनुसरण करके हर कोई आदमी महानता प्राप्त कर सकता है। आदर्श व्यक्ति बहुत सहनशील भी होता है। सच्ची सहनशीलता की प्रेरणा केवल आदर्श व्यक्ति से ही पाई जा सकती है। ऐसा व्यक्ति अपने आप में सदा पूर्ण एवं परिपक्व होता है।

इस संसार में कई ऐसे महापुरुष हुए हैं, जिन्होंने सही मायने में आदर्श जीवन जिया है। महात्मा गाँधी, स्वामी विवेकानंद, गौतम बुद्ध, महावीर स्वामी, दयानंद सरस्वती, शंकराचार्य, ईसा मसीह, श्री रामचन्द्र, श्रीकृष्ण आदि पुण्यात्माएँ, महानपुरुष, धर्मस्थापक एवं देवता इसी प्रकार के आदर्श पुरुष थे। हम इनमें से किसी भी एक के जीवन की विशेषताओं का उदाहरण सामने रखकर सहनशील बनने का प्रयत्न करें, तो महानता की प्राप्ति आसानी से कर सकते हैं। केवल यही नहीं, महापुरुषों के आदर्श को अपनाकर हम खुद भी दूसरों को आदर्श जीवन जीने की प्रेरणा प्रदान करने वाले बन सकते हैं। आदर्श जीवन कैसे जिया जाए ? इस बारे में हमें गंभीर रूप से चिंतन करना चाहिए।

इस पुस्तक के अगले अध्यायों में पैगम्बर मुहम्मद, ईसा मसीह, दयानंद सरस्वती, महात्मा गाँधी, भीमराव अम्बेडकर, स्वामी दयानंद सरस्वती, गौतम बुद्ध तथा श्री विष्णु इत्यादि महापुरुषों की सहनशीलता के कुछ उदाहरण प्रस्तुत किए गए हैं। पाठक इन आदर्श मानवों के जीवन से सहनशीलता का गुण सीखकर खुद भी सहनशील बनने का प्रयास कर सकते हैं।

24

शीघ्रता त्यागें, धैर्य धारण करें

कहते हैं कि "जल्दी का काम शैतान का होता है," इसलिए कोई भी काम करते समय हमें किसी प्रकार की जल्दबाजी या शीघ्रता नहीं करनी चाहिए। शीघ्रता करने से अक्सर बने काम बिगड़ जाते हैं।

प्रायः असंतोष या असहनशीलता की स्थिति में ही मनुष्य किसी बात की शीघ्रता करता है।

मैंने कई ऐसे विचित्र व्यक्तियों को देखा है जो अपने जीवन में सारे काम दौड़ते-भागते, मशीन की तरह करते हैं; अपने आप में बड़बड़ाते रहते हैं। बड़बड़ाना भी एक प्रकार के अधैर्य का सूचक है।

सच्चा सहनशील व्यक्ति न तो कभी किसी काम में जल्दबाजी करता है, न ज़्यादा दौड़ता भागता है और न ही बड़बड़ाता है। वह हमेशा संयम से काम लेता है। यदि आप अपने जीवन में कभी धैर्य खोने लगें, तो अपनी स्थिति के ऊपर पुनर्विचार करें। यदि आप अपने जीवन में सहनशीलता का संयम रखेंगे, तो अधीर होने से बच जाएँगे।

जीवन में ऐसे अवसर बहुत कम आते हैं, जब मनुष्य को अपने कार्य में मन-चाही सफलता मिल जाती है। इस कलियुगी जगत में प्रायः मनुष्य को परिस्थितियों से हारते हुए ज़्यादा देखा जाता है। पग-पग पर मनुष्य के धीरज की परीक्षा ली जाती है। समय अपने हिसाब से कसौटी पर मनुष्य को कसता है।

शीघ्रता मनुष्य की दुर्बलता को बताती है। जो जितना कमजोर होता है वह उतना ही जल्दबाजी का काम करता है। सहनशील व्यक्ति शक्तिसंपन्न होने के कारण कभी शीघ्रता का काम नहीं करता। वह तो हर कार्य को अपने विवेक से, धीमी गति से, सोच समझकर ही करता है।

25

सही दृष्टिकोण अपनाएँ

किसी भी बात के अच्छे और बुरे दो पक्ष होते हैं। दृष्टिकोण अच्छा एवं बुरा भी होता है। कुछ लोगों की आदत ऐसी होती है कि वे किसी बात के गलत या उलटे अर्थ को ही पकड़ने की कोशिश करते हैं और बुरे विचारों में डूब जाते हैं। ग़लत सोच से मनुष्य की सहनशीलता पर बुरा प्रभाव पड़ता है।

सही दृष्टिकोण वाला व्यक्ति हमेशा ठीक दिशा में सोचता है। उसके द्वारा लिए गए निर्णयों में कहीं कोई त्रुटि नहीं होती। इस प्रकार का दृष्टिकोण बनाए रखने के लिए मानव को चाहिए कि वह सबके प्रति शुभ भावना रखे। शुभ भावना, सहानुभूति तथा सहयोग से ही सही चिंतन का पक्ष प्रबल होता है।

इसके लिए यह जरूरी है कि हम परिस्थितियों अथवा समय के प्रति आशावादी बनें तथा किसी भी व्यक्ति की कमजोरियों या बुराइयों की तरफ़ ध्यान न देकर सदैव उसके गुण एवं विशेषताओं को ही ध्यान में लाएँ और उसके उज्ज्वल भविष्य के बारे में सोचें।

हमें सदा हर एक बात का सार्थक या अच्छा पक्ष ही देखना चाहिए। जिस बात से सबका भला होता हो, हम ऐसी ही बात मन में सोचें तथा खुद समस्त बुराइयों एवं कुसंग से बचे रहें। एक ही परिस्थिति में सही दृष्टिकोण वाले लोगों के विचार अलग-अलग होते हैं।

उदाहरण के लिए पानी से आधा भरा हुआ गिलास ग़लत दृष्टिकोण वाले व्यक्ति को पानी से आधा खाली लगता है। इससे उसके मन में निराशा का भाव जागृत होता है, जबकि सही दृष्टिकोण वाला व्यक्ति हर बात का सदा अच्छा पक्ष देखने के कारण आशा से भरा हुआ रहता है। अच्छी दिशा में सोचने के कारण उसकी सहनशीलता सदैव कायम रहती है।

26

मन को सदा प्रसन्न रखें

सहनशील बनने के लिए मन को सदा प्रसन्न रखना आवश्यक है। यदि आप उदास, दुखी रहकर और बुझे-मुझे मन से जीवन का बोझ सहन करें तो आपको सहनशील के बजाय लाचार मनुष्य माना जाएगा।

मन हमारा तभी प्रसन्न रह पाएगा जब हम जीवन की विषम परिस्थितियों या विपदाओं से तंग न आयें। समय कठिन या सरल, जैसा है, उसे उसी रूप में स्वीकार कर सरलतापूर्वक जिन्दगी जीते जाने में ही अपनी भलाई है।

मानव के शारीरिक स्वास्थ्य का भी उसके मन पर असर पड़ता है। जब हमारा तन स्वस्थ रहेगा तभी हमारा मन पूर्ण प्रसन्न रह पाएगा। स्वस्थ शरीर में ही स्वस्थ मस्तिष्क का वास होता है। मानव की आशा, तृष्णाएँ या इच्छाएँ उसके मन पर गहरा प्रभाव डालती हैं। इच्छाएँ जब किसी कारण से अपूर्ण रह जाती हैं, तो मन असंतुष्टि या अप्रसन्नता का अनुभव करता है।

आप सदैव प्रसन्न तभी रह सकते हैं, जब किसी की बात का बुरा न मानें तथा अपनी निंदास्तुति, हानि-लाभ, मान-अपमान, यश-अपयश की परिस्थतियों में समान रहें। अर्थात् 'समभाव' में रहकर ही हम जीवन में सदा प्रसन्न रह सकते हैं।

मन को सदा प्रसन्न बनाने के कई तरीके हैं। यदि आपको घर के वातावरण में अप्रसन्नता मिले तो आप किसी खुशबूदार फूलों के बगीचे में चले जाइए या रेडियो के सात्त्विक संगीत का आनंद लीजिए। अच्छे गीत, पहेलियाँ सुनने और अच्छा साहित्य पढ़ने से भी मनुष्य के मन को प्रसन्नता मिलती है। जब मनुष्य का मन पूर्ण प्रसन्न हो जाता है, तो वह ज़्यादा अच्छे तरीक़े से जीवन की परिस्थितियाँ सहन करने योग्य बन जाता है। संघर्ष सहते हुए उसे किसी प्रकार की अधिक परेशानी नहीं उठानी पड़ती। सब लोग ऐसे आदमी से संतुष्ट रहते हैं।

मानसिक प्रसन्नता के लिए आप मस्तमौला और बेफिक्र बनना सीखिए। अपने जीवन के सारे बोझ व चिन्ताएँ मन के जरिए ईश्वर को दे दीजिए और जीवन का सच्चा सुख प्राप्त करने के लिए तैयार हो जाइए। यदि आप सच्चे और ईमानदार दिल से जीवन जियें तो आप परमपिता परमेश्वर का प्यार पाने के क़ाबिल हो जाएँगे। इससे आपको जिन्दगी के संघर्षों का मुकाबला करने की असीम सहनशक्ति भगवान से प्राप्त हो सकेगी।

27

उदार और सरल चित्त बनें

सहनशील रहने के लिए जिन दो चीज़ों की सबसे ज़्यादा ज़रूरत पड़ती है, वे (1) उदारता और (2) सरलता हैं।

उदारता और सरलता एक दूसरे के पूरक गुण हैं। जो व्यक्ति दिल से उदार होता है वही सरलचित्त रह पाता है और उदारता के लिए सरलता की आवश्यकता होती है।

सहनशीलता इन दोनों चीजों से संपूर्ण रूप से प्रभावित होती है। आज तक जितने भी महान् पुरुष हुए हैं, उन्होंने सहनशील बनने के साथ-साथ सबके प्रति सरल भाव और उदार रुख अपनाया है। उदारता और सरलता, दो ऐसी चीजें हैं, जो व्यक्ति को समाज में बहुत लोकप्रिय बना देती हैं।

जीवन के दो पहलू होते हैं–आशा और निराशा। आशावादी व्यक्ति सदैव जीवन का उज्ज्वल पक्ष देखता है। उसे अंधकार में भी कोई न कोई आशा की किरण नज़र आती है। दूसरों का सहयोग करने के लिए वह सदा आगे बढ़ता है। टूटे हुए दिलों को सहारा देता है। उनके मन में नवीन आशाओं का संचार करता है। जैसे किसी शायर ने कहा है :

यूँ तो हर दिल किसी दिल पर फिदा होता है,
प्यार करने का मगर, तौर जुदा होता है।
आदमी लाख संभले, मगर गिरता भी है,
गिरे को जो उठा ले खुदा होता है।

सहनशील व्यक्ति सारी कटुता, विषम परिस्थितियों का सामना बड़े ही संयम से करता है। इसका ही नाम सहनशीलता है। किसी मजबूरी को सहना, किसी दबाव में आना सहनशीलता नहीं है।

उदारता और सरल चित्त उसे प्रकृति से उपहारस्वरूप मिलते हैं। वह अपने इन गुणों के कारण लोकप्रिय हो जाता है। लोग उससे सहायता पाने के लिए आगे आते हैं और वह अपनी सरलता और उदारता के कारण निराश नहीं करता।

उदार व्यक्ति जीव-जंतुओं तक की सहायता करता है। उनके दुःख-दर्द को समझता है। वह किसी के प्रति भी नृशंस नहीं हो पाता। उदार व्यक्ति दूसरों के दुःख से दुखी हो उठता है और उनकी सहायता को सदैव तत्पर रहता है। स्वयं दुःख सहकर वह दूसरों की परेशानी दूर करने के लिए मुस्कुराकर आगे बढ़ता है।

विश्व के प्रत्येक जीव-जंतु में वह ईश्वर का अंश देखता है। पेड़-पौधों तक

में वह ईश्वर के दर्शन करता है। संध्या के बाद पेड़-पौधे सो जाते हैं उन तक को वह नहीं छेड़ता।

उदार मन मानव ईश्वर की कृपा से ही प्राप्त करता है। उसमें इतनी शक्ति होती है कि वह बुरे से बुरे व्यक्ति का मन पलट देता है, उसे सदाचारी बना सकता है। सच्चाई उसके मन में स्थायी रूप से वास करती है। वह क्षमाशील होता है।

सहनशील बनने के लिए सरल चित्त और उदार होना आवश्यक है। मन, वचन और कर्म का सही तालमेल होना चाहिए। मन की दृढ़ता, वचन की सत्यता और फल की इच्छा किये बिना कर्म करना यह सब सहनशील व्यक्ति के गुण हैं। सहनशील व्यक्ति को दुःख अधिक झेलने पड़ते हैं। इन सबको सहकर ही वह ऊँचा उठता है।

खलील जिब्रान ने कहा है कि – उदारता उस दान में नहीं है, जिसकी तुम्हारी अपेक्षा दूसरे को अधिक आवश्यकता है, प्रत्युत उस वस्तु के दान में है, जिसकी दूसरे की अपेक्षा तुम्हें स्वयं अधिक आवश्यकता है।

28
संतोषी स्वभाव अपनाएँ

संतोष व्यक्ति के जीवन का सबसे बड़ा धन है। जिसके पास संतोष है उसके पास सब कुछ है और जिसके पास संतोष-शान्ति का धन नहीं उसके पास करोड़ों रुपए होते भी कुछ नहीं समझना चाहिए क्योंकि धन-दौलत मनुष्य को भौतिक सुख सुविधाएँ तो दे सकती हैं, परंतु वह व्यक्ति को सच्चा आत्मिक सुख नहीं दे सकती।

संतोष के गुण के प्रतीक रूप में भारत में संतोषी माता या संतोषी देवी की उपासना की जाती है। उपासना की औपचारिकताएँ पूरी करने के बजाय यदि व्यक्ति उनसे संतोषी स्वभाव अपनाने की प्रेरणा ले तो अपने जीवन के कलह-कलेश दूर कर स्थायी सुख-शान्ति प्राप्त कर सकता है।

इस बात से मेरा मतलब यह नहीं है कि भक्त-गण उपासना का मार्ग ही छोड़ दें। वास्तव में उपासना का मतलब अपने इष्ट के समीप रहना है। यदि आप मन से ईश्वर के समीप हैं, तो आप उनके सच्चे उपासक हैं।

ईश्वर में संतोष आदि की जो खूबियाँ हैं, उन्हें हम भी धारण करना सीखें तभी हम परमात्मा के सच्चे भक्त कहलाए जाएँगे।

जो लोग अपने मन में संतोष नहीं रख सकते, वे सहनशील भी नहीं बन सकते। असंतोष मनुष्य के मन को हमेशा विचलन (Pisturbance) की स्थिति में रखता है। इसके कारण मानव को मन की पूर्णता या सच्चे मानसिक सुख की अनुभूति नहीं होती और उसका मन सदा खाली-खाली सा रहता है।

संतोषी स्वभाव वाला व्यक्ति अपने आप में मजबूत या परिपक्व आत्मस्थिति वाला होता है। वह धैर्यवान तथा साहसी भी होता है। अपने जीवन का हर कर्म वह सोच समझकर और ठंडे दिमाग से करता है जिस कारण उसे अपने जीवन में बहुत कम असफलता मिलती है। संतोष एक ऐसा विशेष गुण है, जो जल्दी ही समाज के लोगों के बीच एकता और मित्रता स्थापित कर लेता है। संतोषी व्यक्ति के विरोधी या दुश्मन बहुत कम होते हैं। उसके संतोषी स्वभाव के कारण सब उससे प्रसन्न रहते हैं। वह भी सदा शुभ भावना संपन्न होता है और जल्दी ही किसी बात का बुरा नहीं मानता। संतोष का गुण अपनाकर भी आप अपने जीवन में आसानी से सहनशील बन सकते हैं। संतोष अपनाने से आपको परिस्थितियों पर सरलतापूर्वक विजय प्राप्त करने का विवेक आ सकता है।

29

ईमानदारी से चलना सीखें

सहनशीलता का ईमानदारी से कोई प्रत्यक्ष संबंध तो नहीं है, परंतु परोक्ष रूप से वह इस गुण को प्रभावित अवश्य करता है। इसे समझने के लिए हम एक उदाहरण लेते हैं :

मान लीजिए कोई व्यक्ति नौकर के रूप में किसी की दुकान पर काम करता है। दुकान पर अन्य नौकर भी काम करते हैं। वहाँ हिसाब में रोज़ गड़बड़ी होती है। मालिक सब नौकरों से रुपयों की हेराफेरी के बारे में पूछता है। जो नौकर ईमानदार नहीं होंगे, वे अपने दुकान मालिक के शब्दों को आसानी से न सह पाएँगे। ईमानदार नौकर अपने मालिक की बात का बुरा न मानेगा, क्योंकि वह समझेगा कि मेरा दुकान मालिक दुकान के हित की बात कर रहा है। अपने दुकान मालिक की तरह वह भी दुकान की चोरी या हेराफेरी करने वाले का विरोध करेगा।

बेईमानी का नाम चोरी है। कहते हैं कि चोर की दाढ़ी में तिनका होता है। वह सबकी नज़र में शीघ्र पहचान में आ जाता है। पुलिस जब किसी चोर को पकड़ती है, तो चोर खूब काँपता है, क्योंकि उसके मन में सच्चाई नहीं है। जहाँ सच्चाई या ईमानदारी नहीं होती वहाँ व्यक्ति को अनेक बातों का अथवा सामने वाले इंसान का भय बना रहता है।

समझदार लोगों ने कहा है कि जो व्यक्ति सच्चा या ईमानदार होता है वह खूब संतुष्ट रहता है। छोटे-छोटे बच्चे दिल के कितने कोमल व सच्चे ईमानदार होते हैं, इसलिए सारा दिन वे खूब खुशी में खेलते-झूमते रहते हैं।

ईश्वर मनुष्य को ईमानदारी से चलना सिखाता है, परंतु इंसान उसकी परवाह न कर कुसंग के चक्कर में फँस जाता है और बेईमान बन जाता है। बेईमान बन जाने से आदमी को पग-पग पर किसी न किसी बात का भय लगा रहता है। उसके अंतर्मन की सहनशीलता प्रतिपल टूटती रहती है।

तो आपने देखा, सहनशीलता का व्यक्ति की ईमानदारी से भी अंतर्संबंध अवश्य है। यदि हमें सहनशील बनना है तो अपनी ईमानदारी को भी कायम रखना होगा। अंतर्मन की स्वच्छता या आत्मा की सच्ची पवित्रता ही सच्ची ईमानदारी है।

भगवान ने प्रत्येक मनुष्य का जीवन आदर्श ढंग से बिताने के कुछ सिद्धांत बनाए हैं। यदि व्यक्ति उन जीवन-सिद्धान्तों या ईश्वरीय विधान के अनुकूल चले तो उसे किसी बात में कोई परेशानी उठानी नहीं पड़ सकती। ईश्वर के बनाए हुए नियम मर्यादाओं पर ईमानदारी से चलने वाला व्यक्ति समय की लाख चोटें सहते हुए भी अपने जीवन या उद्देश्य के मार्ग पर अविचल रहता है।

स्वामी रामतीर्थ ने कहा है कि – यदि आपका हृदय ईमानदारी से भरा है, तो एक शत्रु क्या, सारा संसार आपके सम्मुख हथियार डाल देगा।

अंग्रेज़ी के महान् लेखक ऑस्कर वाइल्ड ने भी कहा है कि – थोड़ी सी ईमानदारी खतरनाक होती है और बहुत ज्यादा होने पर यह निश्चित रूप से घातक होती है।

30
सत्यता की शक्ति से आगे बढ़ें

सच्चाई अपने आप में एक बहुत बड़ी शक्ति है। यदि आप सत्य के बल से ज़िन्दगी का सफ़र तय करें तो हर बात में आपको सहनशीलता की प्राप्ति हो सकती है। महात्मा गाँधी सत्य को ईश्वर मानकर चलते थे। सत्य के लिए उन्होंने आजीवन संघर्ष सहा और अंत में अपने कार्य में सफलता भी प्राप्त की।

सच बोलने वाला व्यक्ति हर हाल में खुश रहता है। सच्चाई की ताक़त मनुष्य को निर्भय बनाती है। महर्षि दयानंद सरस्वती को दूध में ज़हर देकर इसलिए मरवा दिया गया क्योंकि उन्होंने सत्य कहा था। सत्य के लिए अनेक महापुरुषों को अपनी जान की कुर्बानियाँ देनी पड़ीं। ईसामसीह को सत्य के लिए सूली पर चढ़ा दिया गया। भारत के स्वाधीनता संग्राम में जलियाँवाला बाग हत्याकाण्ड सत्य की आवाज दबाने के लिए ही कराया गया था। जनरल डायर ने सत्य की आवाज का गला घोंट देने के लिए मासूम निहत्थे लोगों पर अपने सिपाहियों से गोलियाँ दग़वा दीं।

झूठे कायदे-कानूनों से सत्य पर पर्दा नहीं डाला जा सकता। जिस प्रकार काग़ज़ के बनावटी फूल कभी खुशबू नहीं दे सकते उसी प्रकार असत्य या झूठ कभी मनुष्य के मन को संतोष और शान्ति नहीं दे सकता।

सत्यता का बल मनुष्य को आत्मविश्वास और दृढ़ता देता है। इससे मनुष्य अपने उद्देश्य मार्ग पर अविचल भाव से चल पाता है। कहते हैं कि सच की नाव हिलडुल सकती है, लेकिन डूब नहीं सकती। भगवान सच की नौका को हरदम पार लगाने वाले हैं।

ईमानदारी के अलावा और भी कई सद्गुण ऐसे हैं, जो मनुष्य को सच्चाई के बल में वृद्धि करते हैं। संयम और सहनशक्ति का बल भी उनमें से एक है।

सत्य का बल हमें जीवन की परिस्थितियाँ तथा मुसीबतें सहना सिखाता है। सत्य का आधार लेने वाला व्यक्ति कभी भी अन्याय के आगे नहीं झुक सकता। संसार की बातों को सहने के लिए आप संसार की सच्चाई को सामने रखें। यह सत्य है कि आज प्रत्येक मनुष्य काम, क्रोध, लोभ आदि विकारों के चंगुल में फँसा हुआ है। ऐसे में यदि कोई बिना बात आपसे कुछ बुरा भला कहे, तो हमें उसकी बात का बुरा नहीं मानना चाहिए।

31

सदैव उत्साह युक्त रहें

यदि आपके जीवन में उत्साह होगा, तो आप हर कार्य खुशी से कर पाएँगे। जो व्यक्ति उत्साही होते हैं उन्हें कोई भी काम बड़ा नहीं लगता। बड़े से बड़े और कठिन से कठिन कार्य को वे अपने उत्साह के बल पर सहजतापूर्वक संपन्न कर देते हैं।

आप पूछेंगे कि इस बात से सहनशीलता का क्या संबंध है ? देखिए, जब तक आदमी में उत्साह की शक्ति रहती है, तब तक उसे विपदाओं का दुःख और मुश्किलों का डर नहीं रहता। जीवन की हर विपत्ति वह हँसते-हँसते सह लेता है, परंतु जब वह मानसिक रूप से दुर्बल हो जाता है या उसका उत्साह क्षीण हो जाता है, तो उसे छोटी-सी परेशानी भी बड़ी विकट और कष्टदायक लगने लगती है। उत्साहहीन होने से असहनशील होने के कारण वह कोई भी बड़ा काम करने में शीघ्र घबराने लगता है तथा हिम्मत हार जाता है। इसके लिए एक उक्ति है–**हिम्मते मर्दां, मदद ए खुदा** अर्थात् जो व्यक्ति हिम्मत से काम लेते हैं, ईश्वर भी उनकी सहायता करता है।

उत्साह वाले व्यक्ति के जीवन की साँसें लंबी होती हैं। उत्साह के समय भी यदि व्यक्ति धीरज रखे और किसी काम में जल्दबाजी न करे, तो वह विवेकशील माना जाएगा। यदि वह उत्साह के जोश में अपना धीरज तोड़ देता है तथा शीघ्रता वश अपना काम निबटाता है तो यह उसकी समझदारी नहीं है।

यदि हमें जीवन जीना है, तो उत्साह के साथ ही जीना चाहिए। जब किसी कार्य में रुचि न हो तो उसे बोझ समझकर किया जाता है। ऐसे कार्यों में उत्साह का योगदान न होने से वे पूर्ण सफल नहीं होते।

जहाँ तक मेरा मानना है, हमें जीवन की अंतिम साँस तक उत्साह रखना होगा। कई बार जीवन में मिली असफलताओं की निराशा भी जीवन के प्रति हमारा उत्साह कम कर देती हैं। प्रायः मिलने वाली कठिनाइयों एवं असफलताओं से व्यक्ति यह सोचने के लिए मजबूर हो जाता है कि वह सफलता प्राप्ति का प्रयत्न क्यों कर रहा है? क्या उसे कभी कार्य की सिद्धि या सफलता मिल सकेगी ?

जो लोग कठिनाइयों से हार जाते हैं वे उत्साहहीन हो जाते हैं। अत्यधिक निराशा और निरोत्साह हुआ व्यक्ति पुनः कार्य करने का साहस नहीं जुटा पाता।

जीवन के महान लक्ष्य की प्राप्ति हमें तभी हो सकेगी जब हम हर पल उत्साह में रहना सीखेंगे। उत्साह होने से, जैसा कि पहले बताया, परिस्थितियों को सहन करना या कठिनाइयों का मुकाबला करना सहज हो जाएगा।

आप केवल स्वयं ही उत्साहयुक्त होकर न रहें बल्कि दूसरों को भी आप जीवन का उत्साह दिलाते चलें। स्वयं उल्लास में रह दूसरों को उल्लासित करते रहना ही ज़िन्दगी जीने का सबसे खुशगवार और आसान तरीक़ा है।

वाल्मीकि रामायण में भी आया है कि उत्साह बलवान् होता है, उत्साह से बढ़कर दूसरा कोई बल नहीं है। उत्साही पुरुष के लिए जगत् में कोई भी वस्तु दुर्लभ नहीं है।

विश्वविख्यात विद्वान् इमर्सन का भी एक कथन है कि विश्व के इतिहास में ऐसे कितने ही महान् और महत्त्वपूर्ण आंदोलन हुए हैं, वे उत्साह की सफलता के कारण ही हैं।

32

निर्भय रहना सीखें

भय कई प्रकार का होता है तथा यह कई कारणों से मनुष्य के अंदर आता है। आजकल भूत-प्रेतों जैसी कल्पनाओं को लेकर भय ज़्यादा देखने में आता है। कुछ लोग मनुष्यों से घबराते हैं, जबकि आदमी को घबराना किसी से नहीं चाहिए।

टेलीविज़न, सिनेमा, डरावने उपन्यासों के दुश्प्रचार ने छोटी उम्र के लोगों के मन में भय की अनेक भावनाएँ पैदा कर दी हैं। टी.वी. पर जी हॉरर शो, अनहोनी या आहट जैसे भयास्पद धारावाहिक देखकर बच्चे तो क्या, बड़ी उम्र के लोग भी यह सोचकर भयभीत हो जाते हैं कि भूत-प्रेतों का अस्तित्व कैसा होता? प्रेत-जिन्न को लेकर वे तरह-तरह की कल्पनाएँ मन में करने लगते हैं। उन्हें रात्रि को डरावने सपने आते हैं।

दूसरी तरफ़ जीवित मनुष्यों से लगने वाले डर की बात है। जब कोई गुस्सा करता है, तो उससे डर लगता है। धनवान लोगों को चोर-लुटेरों का तथा इनकमटैक्स वालों का डर लगता है।

डर चाहे, किसी भी प्रकार का क्यों न हो, यह मनुष्य की आंतरिक कमजोरी या आत्म-दौर्बल्य के कारण ही आता है। भय के कारण मनुष्य की सहनशक्ति चली जाती है अर्थात् उसकी सहनशीलता कमजोर पड़ जाती है।

यदि हम जीवन में सदा सहनशील बनना चाहते हैं, तो हमें निर्भय बनना होगा। यदि हमें डरना ही है, तो केवल अपने बुरे कर्मों, बुराइयों अथवा ईश्वर से ही डरें। इस प्रकार के भय से हमारा अहित होने के बजाय कल्याण ही होगा। बुरे कर्मों बुराइयों से डरकर हम कोई बुरा काम नहीं कर पाएँगे और न ही मन में बुरे विचार रख पाएँगे।

इस प्रकार हम आत्मिक रूप से बिलकुल स्वच्छ रहेंगे। भगवान से डरकर हम कभी भी किसी को दुःख नहीं देंगे और दूसरों पर अन्याय करने से बचेंगे। इससे भी हमारा भला होगा।

जहाँ तक भूत प्रेतों के डर का सवाल है, उसकी कल्पना करना एकदम निराधार है। फिर अपने-अपने संस्कारों की बात है। जिसके मन में एक बार भूत-प्रेतों की बात जम गई, उसे आप लाख तर्क देकर भी निकाल नहीं सकते।

भूत का मतलब होता है बीता हुआ। कई लोग अपने बीते हुए दुर्दिनों को याद करके दुःखी होते रहते हैं या पूर्व में हो चुके अपने अपमान और निंदा को ख्याल कर परेशान होते हैं। भूतकाल की इस प्रकार की बातों की स्मृति मनुष्य की सहनशीलता को कम कर देती है। अतः जो बीत चुका हो, उसे भूल जाना चाहिए तथा नए सिरे

से नए विचार शुभ कर्म करते हुए अपना उज्ज्वल भविष्य बनाना चाहिए, ताकि आप सदा सुख से रह सकें।

महात्मा गांधी ने एक स्थान पर कहा है कि – चिरस्थायी और सच्चे फल पाना हो, तो हमें पहले निर्भय जरूर बनना होगा। यह गुण धार्मिक जागृति के बिना नहीं आ सकता।

निर्भय व्यक्ति सदा सुखी। निर्भीकता हर स्थिति में आपकी सहायक है। भीतर का भय सदा के लिए निकाल कर आप अपने अंदर वह शक्ति जगा सकते हैं, जो सहनशीलता को मज़बूत बनाती है। निर्भीकता सकारात्मक हो और उसे अच्छाई के लिए ज़रूर अपनाएं।

33

आत्मचिंतन को महत्त्व दें

अध्यात्म में दो चीजों का महत्त्व सबसे ज्यादा है–(1) आत्मचिंतन और (2) प्रभु चिंतन। प्रभु या परमात्मा को न पहचानने के कारण लोग सही ढंग से प्रभु परमात्मा का चिंतन नहीं कर पाते। आत्मचिंतन अध्यात्म के साधकों, कर्मयोगी व्यक्तियों और साधारण मनुष्यों के लिए भी बहुत श्रेष्ठ माना जाता है।

आत्मचिंतन से मनुष्य का विवेक बढ़ता है। आज तक जितने भी चिंतनशील विद्वान पुरुष हुए हैं, सब चिंतन के जरिए ही महान बने हैं। आत्मचिंतन मनुष्य को उसके साधारण दर्जे से ऊपर उठाता है। इससे हमें जीवन के सही लक्ष्य का बोध होता है तथा हम जीवन की अनेक सारी समस्याओं या मुश्किलों का सामना बड़ी आसानी से कर पाते हैं।

आत्मचिंतन क्या है और यह कैसे किया जाता है, इस बारे में मैं आपको बहुत संक्षिप्त में बताता हूँ। आत्मचिंतन का मतलब है अपनी आत्मा या अपने स्वयं के अस्तित्व के बारे में सोचना। मनुष्य का अस्तित्व उसकी अमर आत्मा ही है जिसे मानव का 'स्व' भी कहते हैं और इस प्रकार का चिंतन स्वचिंतन या आत्मचिंतन कहलाता है। आत्मचिंतन में व्यक्ति प्रायः निम्न बिन्दुओं पर विचार करता है :

1. वह कौन है, और कहाँ से आया है ? अर्थात् इस पृथ्वी पर जन्म लेने से पहले वह कहाँ था ?
2. उसका अस्तित्व क्या है ? पाप क्या है, पुण्य क्या है।
3. उसका वास्तविक स्वरूप क्या है ? कर्म क्या है, अकर्म क्या है, विकर्म क्या है, सुकर्म क्या है ?
4. मृत्यु के बाद वह कहाँ जाएगा ? परलोक कौन सा है ?
5. उसके जीवन का लक्ष्य क्या है ? इस पृथ्वी पर उसे ईश्वर ने क्यों भेजा है ?
6. क्या धन संचय या परिवार में बढ़ोतरी करना उसका लक्ष्य है या परोपकार करना ?
7. उसके सच्चे साथी कौन-कौन हैं ? मरने के बाद भी कौन उसके साथ रहेगा ?
8. वह क्या लेकर इस संसार में जन्मा था और क्या लेकर जाएगा ?
9. क्या वह निंदा-स्तुति, मान-अपमान की स्थिति में समान रह सकता है ?
10. आत्मा का रूप क्या है ? वह किस प्रकार की चैतन्य सत्ता है ?

इस प्रकार के और भी कई सारे प्रश्न आत्मचिंतन करते हुए व्यक्ति के दिमाग में उठ सकते हैं। इन सब प्रश्नों पर विचार करने से पहले मनुष्य को समझ लेना

चाहिए कि वह स्वयं प्राकृतिक देह रूपी वस्त्र से अलग एक चैतन्य शक्ति आत्मा है। आत्मा का स्वरूप दिव्य ज्योति होता है। वह परलोक या ईश्वर के लोक से इस पृथ्वी पर आती है और माता के गर्भ से जन्म लेती है।

जहाँ तक पाप-पुण्य का सवाल है, पाप वह कर्म है, जिससे दूसरे को दुःख मिलता है और पुण्य वह है, जिससे औरों का भला होता है। साधारण कार्य कर्म कहलाते हैं, अच्छे कर्म 'सुकर्म', बुरे कर्म 'दुष्कर्म' की श्रेणी में आते हैं तथा जो कर्म निष्काम भाव से किए जाते हैं, वे सुकर्म कहलाते हैं।

ईश्वर मनुष्य को पृथ्वी पर स्वर्ग के सुख भोगने व अच्छे कर्म करने के लिए भेजता है परंतु, वह अपने काम, क्रोध आदि विकारों या बुराइयों के कारण बुरे कर्म करते हुए संसार को नरक बना देता है तथा दुःख पाता है।

मनुष्य जीवन का लक्ष्य परोपकार करने व देवतुल्य श्रेष्ठ मानव बनने का होना चाहिए। आदमी अगर सद्गुणों व ज्ञान को धारण करे, तो वह आत्मबल संपन्न देव मानव बन सकता है।

मरने के पश्चात् मनुष्य की आत्मा ज्योतिस्वरूप अवस्था में ज्योति के देश या ईश्वर के घर चली जाती है। सूर्य, चाँद आदि ग्रहों के पार जहाँ ईश्वर निवास करता है, उस परमधाम को ही परलोक कहते हैं।

मनुष्य इस संसार में खाली हाथ आता है और खाली हाथ ही उसे जाना होता है। केवल अच्छे या बुरे कर्मों की पूँजी वह अपने साथ ले जाता है। मनुष्यात्मा का सच्चा साथी केवल एक ईश्वर है, जिससे मनुष्य को आत्मिक सुख मिलता है। ईश्वर मरने के बाद भी मानवात्मा का साथ नहीं छोड़ता।

यदि मनुष्य अपनी आत्मा के शान्ति स्वरूप को अच्छी तरह पहचान ले तथा आत्मा में ही संतुष्ट रहे तो वह मान-अपमान तथा निंदा-स्तुति की स्थिति में समान रह सकता है अर्थात् 'स्थितप्रज्ञ स्थिति' को सहज प्राप्त कर सकता है।

उपरोक्त प्रकार की सभी बातें आत्मचिंतन के अध्याय में सम्मिलित की जा सकती हैं। इन सभी बातों के चिंतन से मनुष्य सहनशील बनना सीखता है। जो व्यक्ति अपनी आत्मा को अच्छी तरह पहचान लेता है या जिसे पूर्ण आत्मज्ञान हो जाता है, उसकी सहनशीलता आजीवन बरक़रार रहती है।

34

समय की धूप, चोट और कष्ट सहें

स मय वह चीज है जो अपने प्रभाव से मनुष्य को स्वतः ही सहनशील बना देता है। समय कई प्रकार के विघ्न-विपदाओं के रूप में मनुष्य की सहनशीलता की परीक्षा लेता है, जैसे :

1. बीमारी के कष्ट के रूप में।
2. प्रतिकूल मौसम के रूप में।
3. दुर्घटना के रूप में।
4. आत्मीय जन की असमय मृत्यु-रूप में।
5. जन्मजात व्याधि के रूप में।
6. धनाभाव या आर्थिक कष्ट के रूप में।
7. पारिवारिक संकट के रूप में।
8. राष्ट्रीय संकट के रूप में।
9. अंतर्राष्ट्रीय संकट के रूप में।
10. सामाजिक अव्यवस्था के रूप में।
11. बुरे लोगों की करतूत के रूप में।
12. प्राकृतिक हलचल या प्राकृतिक प्रकोप के रूप में।
13. जलवायु की गड़बड़ी के रूप में।
14. माया प्रभाव से आये बुरे संकल्प-रूप में।
15. परस्पर वैमनस्य, ईर्ष्या, द्वेष भावना रूप में।
16. वातावरण की अशान्ति रूप में आदि।

उपरोक्त सभी प्रकार की कठिनाइयाँ समय के कुप्रभाव से आती हैं। यदि मानव अपने जीवन में सहनशीलता अपना ले तो वह इन सभी परेशानियों से बच सकता है। इसके लिए मनुष्य के अंदर आत्मसंयम तथा कष्ट सहने की शक्ति होनी चाहिए। धीरज और विवेक का आश्रय लेकर भी हम इस प्रकार की कई सारी मुश्किलें भगा सकते हैं।

सृष्टि-चक्र के चतुर्युगों (क्रमशः सतयुग, त्रेता, द्वापर तथा कलियुग) में केवल कलियुग में ही सबसे ज़्यादा खराब समय आता है। जब मानव को सब प्रकार की परेशानियाँ सहनी पड़ती हैं।

समय की धूप और कष्ट आदमी को जीवन संग्राम में पक्का बनाते हैं। जो व्यक्ति काल की चोट को नहीं सह पाता वह जीवन-युद्ध में हार जाता है। आप समय की धूप-गर्मी सहते हुए मन में यह आशा अवश्य रखें कि हमारे दुःख के दिन

दूर अवश्य होंगे क्योंकि दुःख-सुख मनुष्य के पास सदा नहीं रहता। दुःख बीतने के पश्चात् सुख के दिन आते हैं। सुख-दुःख में समान रहने वाला व्यक्ति ही तो महान कहलाता है।

आजकल प्रकृति के पंचतत्त्व–पृथ्वी, जल, वायु, अग्नि, आकाश प्रदूषित होने के कारण वातावरण में हलचल मचा देते हैं, जिससे मनुष्यों को दुःख मिलता है। जगह-जगह संसार में बाढ़ें आती हैं, भूकंप आते हैं, आँधियाँ चलती हैं, आगजनी की घटनाएँ होती हैं तथा हवाई जहाज इत्यादि के शोर की वजह से आकाश भी विचलित होता है।

आगे चलकर हम भारतवासियों पर न जाने कितनी कठिन आफतें आनी हैं। समय दिन पर दिन खराब होता जा रहा है। समय की कठिनता को देखते हुए सहनशील बनने में ही भलाई है वरना यदि सहनशील न हुए तो हमें संसार में बहुत कष्ट देखना पड़ता है।

35

पराजय से शिक्षा लें और आगे बढ़ें

जीवन हार-जीत का एक खेल है। कई बार अपने कार्य में असफलता मिलती देख आदमी जीवन से निराश हो जाता है किन्तु एक बार मिली असफलता या हार को हार न समझ उसे परीक्षा मानना चाहिए और अगली बार बेहतर ढंग से परीक्षा की तैयारी करनी चाहिए।

जीवन की कठिनाइयाँ झेलते समय हम सदैव वही समझें कि हम जीवन रूप परीक्षा हॉल में परिस्थितियों पर विजय पाने के लिए पेपर दे रहे हैं। समय की परीक्षा में चार प्रकार के पेपर मनुष्य के सामने आते हैं :

1. संयम और धैर्य का पेपर।
2. सहनशीलता का पेपर।
3. बुद्धिमानी या विवेक का पेपर
4. पाप और पुण्य का पेपर।

पेपर के मुताबिक परिस्थितियाँ होती हैं। पहले पेपर में आपके संयम और धैर्य की परीक्षा होगी। कुछ लोग आपसे तर्क-वितर्क करके आपकी सहनशीलता की परीक्षा लेंगे।

जीवन रूपी विश्वविद्यालय, मनुष्यलोक; परीक्षा-संघर्ष

विद्यार्थी-नियमित/अनियमित   कक्षा-जीवन परिस्थितियाँ अंकतालिका

क्र.सं.	प्रश्न पत्र का नाम		पूर्णांक	न्यूनतम अंक	प्राप्त अंक	परिणाम
1.	संयम और धैर्य	Paper-I	100	50	?	
2.	सहनशीलता	Paper-II	100	50	?	?%
3.	बुद्धिमानी/विवेक	Paper-III	100	50	?	
4.	पाप/पुण्य	Paper-IV	100	50	?	

कुल प्राप्तांक :   कुलपति
श्रेणी :   उत्तीर्ण/अनुत्तीर्ण (स्वयं परमपिता परमात्मा) परमधाम

कठिन कार्यों में आपकी बुद्धिमानी का मूल्यांकन किया जाएगा तथा जीवन में प्रतिदिन आप कितना पाप अथवा पुण्य करते हैं, इसके भी नम्बर दिए जाएँगे। ऊपर इसी

प्रकार की विचित्र जीवन परीक्षा की अंकतालिका का प्रतिरूप बताया गया है। प्रत्येक प्रश्न-पत्र में आप 50% अंकों पर ही पास हो सकते हैं अन्यथा जीवन रूपी परीक्षा में फेल माने जाएँगे।

बहुत सहनशील होकर और उदार मन से आप जीवन-परिस्थितियों की परीक्षा देने के लिए तैयार हो जाइए। सांसारिक स्कूल या कॉलिज की परीक्षाएँ इस महान परीक्षा के आगे कुछ नहीं है। सोचिए, स्वयं परमात्मा कुलपति के रूप में आपके जीवन की परीक्षा का मूल्यांकन करेगा। इसके लिए आपको सद्गुण, सद्विवेक, धैर्य, संयम धारण करने की मेहनत अभी से शुरू कर देनी चाहिए।

36

जीवन के अनुभव मजबूत बनाएँ

सहनशीलता जीवन के अनुभव से भी प्राप्त की जा सकती है। जो लोग जीवन के अनुभवी होते हैं वे प्रायः सहनशील हुआ करते हैं।

तजुर्बेकार लोगों के जीवन के अनुभवों से भी हमें कुछ सीखना चाहिए। भारत में वृद्ध लोगों की बात सुनने की सलाह इसलिए दी जाती है क्योंकि उन्हें जीवन का अनुभव होता है। समय की भाषा को वे अच्छी तरह पहचानते हैं और जो लोग समय को जानते हैं, वे समय के अनुकूल सहनशील होकर अपना जीवन बिताते हैं।

जीवनानुभव बढ़ाने के अनेक तरीके हैं, जैसे :

1. स्वाध्याय द्वारा।
2. मनोविश्लेषण या आत्मचिंतन द्वारा।
3. परिस्थितियाँ सहते हुए जीवन की शिक्षा प्राप्त कर।
4. संसार में मनुष्य के कर्मों का अवलोकन करते हुए।
5. असामयिक घटनाओं से जीवन की क्षणभंगुरता का पाठ सीखकर।
6. मृत्यु की सत्यता स्वीकार करके।
7. महापुरुषों की जीवन गाथा पढ़कर।
8. बुजुर्ग, वृद्धों एवं अनुभवी लोगों की बातें सुनकर।
9. धैर्य, संयम, संतोष धारण करके।
10. ईश्वर के प्रति आश्रित रहने से।

उपरोक्त दस तरीके जीवन अनुभव प्राप्त करने के आसान तरीके हैं।

असल में जीवन एक साधना है। जीवन को कभी खेल नहीं समझना चाहिए। जीवन की अनुकूल या प्रतिकूल परिस्थितियों को हम अवश्य एक खेल के तौर पर देख सकते हैं।

जीवन में सद्गुण, तपस्या, सेवा, परमार्थ, अनुभव इत्यादि कुछ ऐसी चीजें हैं जिन्हें 'खेल' नहीं कहा जा सकता। इन चीजों को हमें बड़ी गंभीरता से ग्रहण करना चाहिए। तभी हम जीवन के सच्चे अनुभवी तथा पूर्ण सहनशील बन सकते हैं।

जीवन अनुभव मनुष्य की आत्मावस्था को मजबूत बनाता है। यह अंतरऊर्जा ही हममें जीवनी शक्ति का संचार करती है। यह मनुष्य को परिस्थितियाँ सहने की शक्ति प्रदान करता है।

जो जितना अनुभवी होता है वह उतना ही समझदार या बुद्धिमान होता है। अनुभव की समझदारी से जीवन का मार्ग सुगम बन जाता है, तब कोई भी बात

हमारे मन को नहीं चौंकाती और न ही किसी बात से हम परेशान होते हैं।

अनुभवी व्यक्ति गंभीर और अंतर्मुखी भी होता है। प्रत्येक बात पर वह गहराई से विचार करता है तथा जीवन की सफलता-असफलता के बारे में सोचता है। इस संसार में, जिसके पास सबसे ज्यादा जीवन के अनुभव हैं, वही सबसे ज्यादा धनवान और श्रेष्ठ है।

महात्मा गांधी ने भी कुछ इस प्रकार कहा है :

अनुभव हमें विश्वास दिलाता है कि असत्य और अहिंसा का परिणाम अस्थायी कभी नहीं हो सकता। कष्ट सहने पर ही अनुभव होता है।

कबीर दास ने अपने एक दोहे में कहा है :

> *आतम अनुभव ज्ञान की, जो कोई पूछै बात।*
> *सो गूँगा गुड़ खाइ के, कहे कौन मुख स्वाद।।*

अर्थात् यदि गूँगा आदमी गुड़ खाए, तो वह उसके स्वाद का वर्णन नहीं कर सकता। उसी प्रकार ज्ञानी आत्मानुभव का वर्णन नहीं कर सकता।

37

गौतम बुद्ध की सहनशीलता

महात्मा गौतम बुद्ध सहनशीलता, संतोष और जीवदया की प्रतिमूर्ति थे। उनके बचपन का नाम सिद्धार्थ था। कहते हैं कि बाल्यावस्था में जब वे एक उद्यान में बैठे थे तो एक हंस ऊपर आकाश की ओर उड़कर गया। सिद्धार्थ एक राजकुमार अर्थात् राजा के पुत्र थे। राजघरानों में पहले शिकार करना एक शौक माना जाता था। सिद्धार्थ अहिंसाप्रिय थे। वे निरीह पशु-पक्षियों के शिकार को अच्छा नहीं समझते थे परंतु उनका एक चचेरा भाई शिकार का बहुत शौक़ीन था। उसने हंस को उड़ते देख धनुष साधा तथा बाण हंस की ओर छोड़ दिया। वह तीर हंस के पेट में जाकर लगा और हंस घायल लहूलुहान होकर सिद्धार्थ के पास गिर पड़ा। सिद्धार्थ को घायल हंस के ऊपर दया आई। उन्होंने उसे अपनी गोद में उठा लिया तथा हंस का प्राथमिक उपचार करने लगे।

तभी सिद्धार्थ का चचेरा भाई वहाँ आ पहुँचा। उसने सिद्धार्थ से अपना हंस माँगा परंतु सिद्धार्थ ने उसे न दिया। चचेरे भाई ने सिद्धार्थ को बहुत बुरा-भला कहा परंतु हंस की प्राणरक्षा के लिए सिद्धार्थ उसका प्रत्येक कटु शब्द सहते रहे। मारने वाले से बचाने वाले का अधिकार ज्यादा है।

सचमुच दूसरों के हित के लिए अपना अपमान और कष्ट सहना व्यक्ति की बहुत बड़ी महानता है और यह महानता केवल महापुरुषों के अंदर ही होती है।

काफी समय बाद, एक दिन सिद्धार्थ यानी महात्मा गौतम बुद्ध बोधिवृक्ष के नीचे जब तपस्या में लीन थे अथवा मौन, आँखें बंद किए साधना में बैठे थे तो एक चरवाहा उधर से निकला। वह वन्य प्रदेश में अपने पशु चरा रहा था। उसकी एक भेड़ खो गई थी अथवा गिनती में कम पड़ रही थी। गौतम बुद्ध को पेड़ के नीचे बैठे देख उसने उनसे पूछा कि उन्होंने इधर से जाती किसी भेड़ को तो नहीं देखा। चूँकि गौतम ध्यानावस्था में थे इसलिए उन्होंने चरवाहे की बात का कोई उत्तर नहीं दिया। अब तो चरवाहे को गुस्सा आ गया। वह गौतम से तू तू मैं मैं कहकर गालियाँ देने लगा। उसके कटु शब्दों का गौतम के ऊपर कोई प्रभाव नहीं पड़ा। वे पूर्ववत् अपनी साधना में बैठे रहे।

चरवाहे को जब बहुत गुस्सा आया तो उसने गौतम के कान में चिल्ला-चिल्लाकर गालियाँ दीं और कान में उनके लकड़ियाँ ठूँसी। गौतम के कानों से खून निकल आया। परंतु वह अपनी समाधि से विचलित न हुए।

38
ईसा मसीह की सहनशीलता

ईसाई धर्म की स्थापना महात्मा ईसा मसीह के द्वारा हुई। परमेश्वर के वचनों का प्रचार करने के लिए उन्होंने बहुत अपमान और निंदा सही। यीशु ने अपनी मृत्यु से पूर्व जो कुछ सहा, उसकी झलक हम पवित्र बाइबल के निम्नलिखित प्रसंग के अंतर्गत देख सकते हैं।[1]

" जब यीशु का मुकद्दमा समाप्त हुआ तो उन्हें मौत की सजा सुनाई गई। सिपाहियों ने उन्हें बहुत मारा-पीटा तथा गाली-गलौच की। उनकी पीठ पर उनतालीस कोड़े मारे गए। उन्हें नगर के बाहर तक अपना क्रूस स्वयं उठाकर ले जाना पड़ा।

" यीशु शारीरिक मृत्यु की पीड़ा सहते हैं। उन्हें अनुभव होता है कि वे संसार के पापों का भार भोग रहे हैं।

" जब सिपाही यीशु को ले जा रहे थे, तो लोगों की बड़ी भीड़ यीशु के पीछे-पीछे चल रही थी। बहुत सारी स्त्रियाँ यीशु के लिए छाती पीट-पीट कर विलाप कर रही थीं। यीशु ने उनकी ओर मुड़कर कहा, 'हे येरुशलम की पुत्रियो, मेरे लिए मत रोओ, परंतु, अपने और अपने बच्चों के लिए रोओ।'

" उन्होंने यीशु को सलीब पर लटका दिया। तब यीशु ने कहा, 'हे पिता, इन्हें क्षमा कर क्योंकि ये नहीं जानते कि क्या कर रहे हैं।' सिपाहियों ने चिट्ठियाँ डालकर यीशु के कपड़े आपस में बाँट लिए। सभागृह के अधिकारी यीशु का मजाक कर कह रहे थे, 'इसने दूसरों को बचाया। यदि यह परमेश्वर का मसीह है, तो अपने आपको बचा ले।'

" यीशु ने बड़े शब्द से पुकारकर कहा 'हे पिता, मैं अपनी आत्मा तेरे हाथों में सौंपता हूँ।' और यह कहकर प्राण छोड़ दिए। "

धर्म स्थापना करने वाले लगभग सभी पैगम्बरों ने लोगों के इतने कठोर अत्याचारों को सहा, क्योंकि पिता परमेश्वर ने उन्हें सत्य के लिए कष्ट सहने की शक्ति दी।

---

1. बाइबिल की महान सच्चाइयाँ, पृ. 242-244, इण्डियन बाइबिल लिटरेचर प्रकाशन, मद्रास।

39

महात्मा गाँधी की सहनशीलता

बापू का सारा जीवन सहनशीलता और सत्य की लड़ाई से भरा हुआ है। अपने दक्षिण अफ्रीका प्रवास के समय उन्होंने पग-पग पर ग्लानि सही। बात सन् 1908 की है। जोहान्सवर्ग में मध्यरात्रि के समय वे प्रवासी भारतीय लोगों की एक सभा को संबोधित कर रहे थे। तभी मीर आलम नाम का एक पठान व्यक्ति अपनी बिरादरी के लोगों के साथ लाठियाँ लेकर वहाँ आ पहुँचता है। मीर आलम समझता है कि गाँधी जी ने उसकी कौम के साथ धोखा किया है तथा जनरल स्मूस के हाथों प्रवासी भारतीयों के पंजीकरण का सौदा कर क़ौम को पंद्रह हज़ार पौंड में बेच डाला है।

नाटक 'अहिंसा का पुजारी'[1] का इस सम्बन्ध में एक दृश्य :

मीर : (हाथ में लाठी लेकर गाँधी जी से) आपका इरादा क्या है ?

गाँधी : मैं तो दसों अँगुलियों की निशानी देकर अपनी रजिस्ट्री कराने आया हूँ। लेकिन अगर तुम चाहो तो केवल तुम्हारे अँगूठे के निशान से ही तुम्हारी रजिस्ट्री हो सकती है, दोस्त।

मीर : मुझे अपना दोस्त मत कहो। मैं तुम्हारा दुश्मन हूँ, दुश्मन। अब मेरे हाथों मरने के लिए तैयार हो जाओ।

गाँधी : मीर आलम, यह क्या कहते हो, भाई। मैंने तुम्हारे साथ क्या अन्याय किया है ?

मीर : सब कुछ कर चुकने के बाद पूछते हो कि मैंने क्या किया है ? खैर, वह मैं तुम्हें बाद में बताऊँगा कि तुमने मेरे और सारी क़ौम के साथ कैसी ग़द्दारी का काम किया है। यह तुम्हारा आख़िरी वक़्त है। मालिक को याद करो।

(गाँधी मौन हैं। मीर आलम उनके ऊपर कई बार लाठी से प्रहार करता है। गाँधी जी दर्द के मारे कराहते हुए नीचे गिरकर बेहोश हो जाते हैं। उनका सिर पत्थर से टकरा जाता है। मीर आलम उनके ऊपर फिर भी लाठियाँ बरसाता रहता है। सब खड़े हो भयभीत होकर यह सब देखते हैं। गाँधी जी का पूरा शरीर और मुख घायल हो जाता है। जख्मों से खून बहने लगता है।)

बापू के जीवन में सहनशीलता के ऐसे अनेक उदाहरण देख सकते हैं।

---

1. अहिंसा का पुजारी, लेखक : पवित्र कुमार शर्मा।

40

भीमराव अम्बेडकर की सहनशीलता

बाबा साहिब अम्बेडकर ने बचपन से लेकर वृद्ध होने तक अपनी सारी जिन्दगी उपहास और उपेक्षा का भाव सहा। उनके जीवन पर आधारित नाटक 'चुभते शूल'[1] में दो जगह उनकी सहनशीलता का परिचय विशेष रूप से दिया है। पहली घटना दूसरे अंक के दृश्य-एक की है जब वे पहली कक्षा के छात्र थे। देखिए :

(प्रार्थना समाप्त हो जाने के पश्चात् सभी बच्चे अपनी-अपनी कक्षाओं में चले जाते हैं। भीमराव कंधे पर थैला लटकाए, दाहिने हाथ में तख्ती लिये, बाएँ हाथ में दवात-कलम पकड़े तथा बगल में टाट दबाये आते हैं और पहली कक्षा के दरवाजे के बाहर विद्यार्थियों के जूते चप्पलों के पास टाट बिछाकर बैठ जाते हैं। कक्षा के अंदर बैठे हुए विद्यार्थी उन्हें देख-देखकर हँसते हैं)

विद्यार्थी 1 : (दूसरे विद्यार्थी को टोकते हुए) ठहरो-ठहरो। बाहर कहाँ जाते हो, इसे मत छूना।

विद्यार्थी 2 : क्यों-क्यों ?

विद्यार्थी 1 : क्योंकि यह अछूत है। क्या तुम्हें पता नहीं कि यह महार का लड़का है। महार अछूत होते हैं ना। तुम इसे छुओगे तो तुम भी अछूत हो जाओगे। फिर तुम्हें भी इसकी तरह टाट बिछाकर बाहर बैठना पड़ेगा। हेडमास्टर साहब ने न जाने क्यों इस अछूत को अपने स्कूल में घुसा लिया ?

दूसरी घटना उस समय की है जब भीमराव बड़ौदा रियासत के सैन्य सचिव पद पर नियुक्त हो जाते हैं। पाँचवें अंक के दृश्य में ऑफिस कार्यालय में चपरासी अपने अधिकारी भीमराव से फाइल माँगने जाता है :

चपरासी : छोटे बाबू जी ने तीन नंबर की फाइल मँगाई है। बुरा न मानिएगा। आप छोटी जाति के हैं, इसलिए हम आपके हाथ से फाइल नहीं ले सकते, वरना हम भी अछूत हो जाएँगे।

भीमराव : फिर फाइल कैसे लोगे ?

चपरासी : आप फाइल उछालकर हमें दीजिए।

(भीमराव अत्यंत दुःख से भर जाते हैं।)

---

1. चुभते शूल, लेखक : पवित्र कुमार शर्मा।

41

दयानंद सरस्वती की सहनशीलता

आर्य धर्म के संस्थापक महर्षि दयानंद सरस्वती ने भारतीय संस्कृति के प्राचीन सिद्धांतों का प्रचार-प्रसार करते समय अपना बहुत विरोध सहा। विक्रम संवत 1924 की ज्येष्ठ शुक्ला दसवीं तिथि वाले दिन जब वे कर्णवास में थे तब दोपहर के 1-2 बजे के लगभग कुछ विरोधी लोग उन्हें मारने के लिए आते हैं। यह प्रसंग नाटक 'गगन का सूरज'[1] में इस प्रकार लिखा है :

दयानंद : ओह, तो तुम्हें अपने गुरु का अभिमान है। मेरी एक राय है। तुम अपने गुरु को मुझसे शास्त्रार्थ करने के लिए यहाँ बुलाओ। यदि वे न आ सकें तो मैं उनके पास चलता हूँ। दोनों में धर्म के विषय पर शास्त्रार्थ होगा। श्रेष्ठ कौन है, इसका निर्णय अपने आप हो जाएगा।

राव कर्ण सिंह : (क्रोध से आग बबूला होकर) बस चुप रह संन्यासी। क्या तूने मेरे गुरु को अपने समान ऐसा वैसा समझ लिया है। यदि अब आगे एक शब्द भी बोला···(म्यान से तलवार निकाल लेता है) ···तो मैं इसी तलवार से तेरी ज़बान काट लूँगा और तेरे दो-दो टुकड़े कर डालूँगा। (तलवार लेकर दयानंद के ऊपर झपटता है और पहला वार करता है। दयानंद फुर्ती से परे हट जाते हैं। कर्ण सिंह का वार खाली जाता है।)

दयानंद : (बलपूर्वक कर्ण सिंह के हाथ से तलवार खींचकर तलवार के दो टुकड़े करके पृथ्वी पर फेंकते हुए) मेरी सत्यभरी ज़बान को काटने वाले मर गये, कर्णसिंह। क्या तू मुझसे लड़ने आया है। अरे पाखंडी, धूर्त ! यदि तुझे लड़ना है तो वीर क्षत्रिय से जाकर लड़ !

इस नाटक के अंतिम दृश्य में विष-भरा दूध पीने से हुई दयानंद सरस्वती की मृत्यु के पूर्व की घटना इस प्रकार वर्णित है :

दयानंद : आह ! आह ! इस दूध में विष था, जगन्नाथ।

जगन्नाथ : क्या कहा विष !

दयानंद : हाँ रे। बोल, तूने मेरे जीवन के साथ इतना बड़ा विश्वासघात क्यों किया ?

---

1. गगन का सूरज, लेखक : पवित्र कुमार शर्मा।

जगन्नाथ : (आँखों में आँसू आ जाते हैं) विश्वासघात मैंने नहीं किया स्वामी जी, आपसे सच कहता हूँ। यह दूध नन्ही जान[1] ने मुझे आपके पीने के लिए दिया था।

दयानंद : अब समझा।···आह! आज उसने अपने अपमान का बदला मुझसे ले लिया। ईश्वर उसे क्षमा करे। साथ-साथ तुझे भी क्योंकि तुझे नहीं पता था कि तू कितना बड़ा पाप कर रहा है। भगवान तुम दोनों को क्षमा करे। अब मुझे विदाई दो जगन्नाथ। मेरा जीवन ख़त्म हुआ। अब मैं जा रहा हूँ अपने परमात्मा प्रियतम के घर।

जगन्नाथ : नहीं-नहीं, आप हमें अकेला छोड़कर नहीं जा सकते, स्वामी जी। मैंने जो पाप किया है, ईश्वर उसके लिए मुझे कभी माफ़ नहीं कर सकता।

दयानंद : जो हुआ सो हुआ, जगन्नाथ। अब तुम यहाँ से भाग जाओ। इस शहर से बहुत दूर···नेपाल की ओर भाग जाओ क्योंकि यदि मेरे शिष्यों को पता चल जायेगा तो वे तुम्हें जीवित नहीं छोड़ेंगे (सिरहाने रखी रुपयों की छोटी सी थैली जगन्नाथ को पकड़ाकर) थोड़े से रुपए हैं रख लो। रास्ते में तुम्हारे काम आएँगे। आह !

(जगन्नाथ स्वामी जी की दुर्दशा देखकर फूट-फूट कर रो उठता है। दयानंद के शरीर पर जगह-जगह छाले पड़ जाते हैं और वे कराहते हुए बेहोश होकर गिर जाते हैं।)

---

1. एक वेश्या स्त्री।

42

विवेकानंद की सहनशीलता

स्वामी विवेकानंद का व्यक्तित्व अपने आप में बहुत सहनशील था। परिव्राजक के रूप में भारत भ्रमण करते हुए वह एक दिन वाराणसी पहुँचे। वहाँ कुछ बंदर उनके पीछे लग गए, परंतु विवेकानंद बंदरों से तनिक आतंकित हुए बिना शांत होकर खड़े हो गए। जब उन्होंने निर्भयतापूर्वक बंदरों की ओर देखा, तो बंदर डर के मारे वहाँ से भाग गए।

'विवेकानंद : एक जीवनी'[1] नामक पुस्तक में वर्णित दूसरी घटना इस प्रकार है—जब विवेकानंद उत्तरी भारत की यात्रा कर रहे थे, तो उन्होंने एक दिन गहन वन में प्रवेश किया। सारे दिन वह निराहार रहे और शाम को सुस्ताने के लिए जैसे ही एक वृक्ष के नीचे बैठे, एक व्याघ्र वहाँ आ गया। विवेकानंद व्याघ्र को देखकर तनिक भी डरे नहीं। वे सहनशील और शांत मुद्रा में वहीं बैठकर सोचने लगे, 'यह व्याघ्र भी मेरी तरह भूखा होगा। यह शरीर तो अपने स्वदेशवासियों के कोई काम न आ सका, अब कम-से-कम यह एक भूखे पशु की भूख तो शांत करे।' व्याघ्र न जाने क्यों, अपना विचार बदलकर दूसरी ओर चला गया।

एक बार स्वामी विवेकानंद रेलगाड़ी से यात्रा कर रहे थे। उनके डिब्बे में दो अंग्रेज भी सवार थे। उन लोगों ने स्वामीजी को एक निरक्षर भिखारी समझा और आपस में अंग्रेजी में बात करते हुए उनकी खिल्लियाँ उड़ाने लगे। विवेकानंद अत्यंत सहनशील होकर अपना उपहास सुनते रहे। अगले स्टेशन पर जब विवेकानंद ने अंग्रेजी में स्टेशन मास्टर से बातें कीं, तो दोनों अंग्रेज व्यक्तियों पर घड़ों पानी पड़ गया।

विवेकानंद ने अपनी दूरदर्शिता तथा सहनशीलता की महानता के कारण अमेरिका में भारतीय हिन्दू धर्म का जो विजयी ध्वज लहराया, वह विश्व प्रसिद्ध है।

---

1. विवेकानंद : एक जीवनी, लेखक : स्वामी निखिलानंद, अनुवादक : स्वामी विदेहात्मानन्द अद्वैत आश्रम प्रकाशन, कलकत्ता, पृ. 106-07 ।

43

रामकृष्ण परमहंस की सहनशीलता

अनेक महापुरुषों की तरह रामकृष्ण परमहंस जी ने भी मृत्यु से पूर्व रोग का भयंकर कष्ट सहा था। रामकृष्ण मठ, नागपुर से प्रकाशित 'माँ शारदा ग्रंथ में लिखा हुआ है :

"श्री रामकृष्ण अन्तिम शय्या पर लेटे हुए थे। दिन प्रतिदिन श्री माँ अपार दुःख सहन कर रही थीं। उनके शारीरिक कष्ट और मानसिक वेदना की सीमा न थी। फिर भी वे आशान्वित हो धैर्य धारण कर सहनशील मूर्ति की भाँति देवमंदिर स्थित-स्थिर उर्ध्वमुखी दीपशिखा की तरह विराजमान थीं। आरोग्य कामना की हरदम प्रार्थना करती हुई वे दिन-रात लगातार श्री रामकृष्ण की सेवा में संलग्न थीं।

"दीर्घकालीन बीमारी से श्री रामकृष्ण अस्थिचर्म मात्र हो चुके थे, उनको देखकर श्री माँ का हृदय विदीर्ण हो जाता था। ऐसी स्थिति में भी श्री रामकृष्ण की भाव समाधि का विराम नहीं था।"[1]

शारदा देवी श्री रामकृष्ण परमहंस की सहधर्मिणी थीं, परंतु रामकृष्ण ने सदैव उन्हें माँ के ही रूप में देखा। शारदा देवी की नारी देह को देखकर उनके मन में कभी कामवासना का उद्वेग नहीं हुआ। यह भी उनकी सहनशीलता का एक मुख्य गुण था।

श्री रामकृष्ण परमहंस की तरह शारदा माँ ने भी शारीरिक व्याधि सहते हुए अपनी आध्यात्मिक साधना जारी रखी। इन दोनों महाविभूतियों ने लाखों नर-नारियों को सहनशीलता, धैर्य एवं संतोष का पाठ पढ़ाया।

---

1. माँ शारदा, स्वामी अपूर्वानंद, रामकृष्ण मठ, नागपुर पृ. 120-21

44

भगवान विष्णु की सहनशीलता

केवल महापुरुषों के जीवन में ही नहीं बल्कि देवी-देवताओं के जीवन में भी सहनशीलता का गुण हमें पर्याप्त रूप से दिखलाई देता है। कहते हैं कि एक बार जब श्री विष्णुमहाराज क्षीर सागर में शयन कर रहे थे तो भृगु ऋषि ने (जिनकी भृगुसंहिता प्रसिद्ध है) वहाँ पहुँचकर उनकी छाती पर लात मारी। ऋषि क्रोध से भरे हुए थे। विष्णु ने बजाय उन पर क्रोध करने के उनके पैर पकड़ लिये तथा प्रेमपूर्वक उनके पैर सहलाने लगे।

श्री कृष्ण जी को भी विष्णु का ही अवतार माना जाता है। महाभारत में लिखा है कि उन्होंने शिशुपाल नामक क्रूर शासक की 99 भूलें अपनी सहनशीलता के कारण क्षमा कीं।

लक्ष्मण क्रोधी स्वभाव के थे, परंतु श्री राम सहनशीलता के अवतार थे। धनुष भंग के समय जब परशुराम ने उनके ऊपर क्रोध किया, तो उन्होंने ऋषि के कटु वचनों का बुरा नहीं माना। सहनशील होने के कारण वे अपने लघुभ्राता लक्ष्मण को भी विनम्रतापूर्वक समझाते रहे और आखिरकार परशुराम जैसे क्रोधी स्वभाव वाले व्यक्ति को भी उनकी सहनशीलता व विनम्रता के सम्मुख नतमस्तक होना पड़ा।

हिन्दू पौराणिक कथाओं में अनेक चरित्र देवी देवताओं की सहनशीलता से भरे हुए हैं। आज हिन्दूधर्म के लोग जिन देवी-देवताओं की उपासना करते हैं, यदि उनके जीवन की सहनशीलता को अपनी जिन्दगी में धारण करें तो वे सचमुच महान बन सकते हैं।

देवियों में माँ संतोषी, श्री लक्ष्मी, पार्वती, गायत्री, वैष्णो देवी तथा विद्यादायिनी माँ सरस्वती सहनशीलता की साक्षात् मूर्तियाँ हैं। भक्त लोगों को चाहिए कि वे उनसे संतान एवं धन की याचना करने के साथ-साथ सहनशीलता का वर भी माँगें और चूँकि ये देवियाँ स्वयं सहनशीलता की खाने हैं अतः भक्त गणों को उनसे सहनशक्ति का वर बड़ी आसानी से मिल सकता है।

45

सदा व्यस्त और मस्त रहिए

जीवन की व्यस्तता का मनुष्य की सहनशीलता से सम्बन्ध है। आज इन बातों में बड़ा गहरा सम्बन्ध मालूम होता है। जब तक मनुष्य अपने कार्य में व्यस्त रहता है, तब तक वह सब प्रकार की परिस्थितियों के प्रति सहनशील और मस्त रहता है। कार्य की व्यस्तता के कारण वह इधर-उधर की फालतू बातों पर ध्यान नहीं देता तथा उसे कोई कुछ उल्टा-सीधा भी कहता है, तो वह उसकी बातों का बुरा नहीं मानता।

दूसरी ओर खाली दिमाग वाला व्यक्ति हर समय परेशानी और असहनशीलता की स्थिति में रहता है। कोई कार्य न होने के कारण तरह-तरह की बातें उसके दिमाग में आती रहती हैं।

'व्यस्त रहिए—मस्त रहिए' अपने एक लेख के अंतर्गत पाँच उपाय व्यस्त रहने के बताए हैं :

1. ज्ञान-चिंतन 2. श्रेष्ठ कार्य व व्यवहार में लगें, 3. आत्मिक प्रसन्नता, 4. थकावट से दूर सदा हलके रहें, 5. मौज-मस्ती का अर्थ किसी को दुःख न देना आदि। कोई कुछ भी कहता रहे, आप सदा अपने काम में मन लगाए रखिए। इससे आप विभिन्न प्रकार के झंझटों से बच जाएँगे। कार्य की व्यस्तता और मस्ती के कारण आपको हर बात में सहन करना आसान हो जाएगा।

यदि आप परेशान हैं, अव्यवस्थित हैं; समक्ष उलझनें आ रही हैं तो आप एकाग्र-चित्त हो कोई साहित्यिक पुस्तक, चुटकुले या अपने किसी मनपसंद कार्य करने में अपने को व्यस्त कर लें।

सबसे अच्छा साधन है छोटे-छोटे बच्चे, आप उनके साथ खेलें, उनसे बातें करें, उनके कार्य कलाप देखें। सच मानिए आप सब परेशानियाँ भूल जाएँगे।

46

पराई वस्तु पर आँखें न जमाएँ

कभी-कभी मनुष्य अपनी सहनशीलता को स्वयं की गलती के कारण भी खो देता है। आज कई मनुष्य अपने दुःख के कारण दुखी हैं और कई दूसरों का सुख-वैभव देखकर दुखी हैं। वैसे कहा जाता है कि किसी की अमानत में खयानत नहीं करनी चाहिए परंतु न चाहते हुए भी मनुष्य की आँख दूसरों की चीज़ में डूब जाती है।

जब कोई पराई वस्तु पर आँख जमा लेता है तथा उस वस्तु को वह अपनी समझने लगता है, तो उसका मोह वस्तु से जुड़ जाता है, फिर यदि वह वस्तु या कोई व्यक्ति उसकी आँखों से दूर चला जाता है, तो उसे बहुत दुःख होता है।

गृहस्थ लोग जब बच्चों को अपना समझकर पालते हैं तो उन्हें कई प्रकार की पारिवारिक चिंताओं और असहनशीलताओं का सामना करना पड़ता है, परंतु जब वह उन्हें ईश्वर का समझकर पालते हैं तो सभी प्रकार की चिंता और परेशानियों से मुक्त रहते हैं।

वास्तव में सब बच्चे परमात्मा के होते हैं। हम सब भी उसी के बालक हैं। चूँकि हर मनुष्यात्मा का मालिक ईश्वर है। अतः हम किसी आदमी पर अपना अधिकार न जताएँ।

जीवन में हमें धन-दौलत, भोजन-वस्त्र इत्यादि जो कुछ भी मिलता है उसे हम प्रभु की अमानत मानकर चलें। इससे हमें वस्तुओं के प्रति कभी किसी प्रकार का भय, चिंता नहीं रहेगी।

मनुष्य की सहनशीलता उस समय समाप्त हो जाती है जब वह दूसरे की वस्तु को अपना सिद्ध करना चाहता है। ऐसे समय यदि कोई उससे सच्ची बात कह दे तो वह उसे कतई बर्दाश्त नहीं कर सकेगा।

ईर्ष्या का मुख्य कारण पराई वस्तु पर आँख जमाना है। इसी के फलस्वरूप स्पर्धा या द्वेष भावना और वैर-भावना उत्पन्न होती है।

जो व्यक्ति अपने आप में संतुष्ट रहता है वह कभी गलत तरीके से पराई वस्तु नहीं हथियाना चाहता। वह अपने जीवन के साथ कोई भी ऐसा समझौता नहीं करता, जिसके कारण उसकी आत्मा उसे धिक्कारती हो। इस कारण वह दुर्विचार और दुष्कर्मों से सदा अलग रहता है।

मनुष्य को जिन चीजों से अपने जीवन में लाभ मिलता है, वे अवश्य सद्गुण ही हैं। इसलिए हमें पराई चीजें हथियाने से पहले अपने गुण-अवगुण पर विचार करना चाहिए तथा अच्छे गुण ही जीवन में धारण करने चाहिए।

सद्गुण धारण करके ही हम जीवन में संतोष युक्त तथा सहनशील रह सकते

हैं। दूसरों की चीजों को हम धरोहर समझकर अपने पास रखें तथा ज़रूरत पड़ने पर उसे लौटा दें। साथ ही साथ अन्य लोगों को भी अमानत के महत्त्व को समझाएँ ताकि उनकी सहनशीलता भी स्थायित्व प्राप्त कर सके।

47

उग्र रूप कभी धारण न करें

हम सब चाहते हैं कि हमारे जीवन में शान्ति बनी रहे, परंतु कभी-कभी न चाहते हुए, अज्ञानवश हम ऐसी भूलें कर बैठते हैं, जिनसे हमारी सहनशीलता कमजोर पड़ जाती है तथा हमें बहुत दुःख अशान्ति झेलनी पड़ती है। जीवन में सबसे बड़ी भूल हम यह करते हैं जो बार-बार तनिक सी बात पर आवेश में आ जाते हैं और उग्ररूप धारण कर लेते हैं। हमारी उग्रता हमारी सहनशीलता का गला तो घोंटती ही है, साथ ही साथ वह दूसरे के मन की सुखशान्ति भी छीन लेती है।

भूलें तो हर इंसान से होती हैं। हमसे भी भूलें होती हैं। मनुष्य गलतियों का पुतला है। यह सोचने से हम किसी व्यक्ति की गलती पर अधिक गुस्सा न होंगे तथा अपना स्वभाव शांत बनाए रखेंगे। जो लोग थोड़ी-थोड़ी बात पर आवेश में आ जाते हैं या शीघ्र उग्र हो जाते हैं, उन्हें अपने जीवन में बहुत सारी शारीरिक एवं मानसिक कठिनाइयाँ झेलनी पड़ती हैं।

यदि हमें गुस्सा ही करना है, तो पहले अपने आप पर करें तथा बुराइयाँ देखनी हैं, तो सबसे पहले अपनी बुराइयाँ देखें। इससे हमें बहुत लाभ होगा। हम सावधानीपूर्वक अपनी बुराइयों का अवलोकन कर उन्हें निकाल सकेंगे तथा बुराई मुक्त बन सकेंगे। इसके अलावा हम अपने आप पर तथा दूसरों पर भी रहम करना सीखेंगे, क्योंकि जब मनुष्य को गुस्सा आता है, तो बाद में उसे रहम भी आता है तथा पश्चात्ताप भी होता है। जब हम अपने प्रति कड़ा रुख अपनाएँगे, तो हमें स्वयं पर रहम भी आएगा, जिससे हम दया भावना के महत्त्व को समझ सकेंगे।

देवी-देवता केवल मनुष्यों के उपास्य ही नहीं, बल्कि आदर्श भी हैं। खेद की बात है कि भक्त लोग देवों की सिर्फ पूजा भक्ति करना ही जानते हैं, उनके दिव्य लक्षण अपने अंदर ग्रहण करना नहीं जानते। सच्ची पूजा देवों के गुण-कर्म-विशेषताओं का अनुकरण करने से ही सिद्ध होती है। इसी से भक्त का जीवन सुख-शान्ति संपन्न बन पाता है।

जहाँ तक सहनशीलता का प्रश्न है, उग्र होने से हम कभी इसे प्राप्त नहीं कर सकते। उग्रता की चोट से बचने के लिए हमें पहले से ही अपना स्वभाव शांत और शीतल बनाना होगा, तभी हम सहनशक्ति को अपने पास सदा कायम रख सकेंगे।

48

सदा ठंडे दिमाग एवं शान्ति से काम लें

जब हम शान्तिपूर्वक ठंडे दिमाग से परिस्थिति पर विचार करते हैं तो हमें अपनी समस्या या कठिनाई से मुक्ति पाने की कोई न कोई राह अवश्य निकल ही आती है। ठंडे दिमाग से सोचने वाला हर व्यक्ति किसी प्रकार के झंझट या परेशानी में नहीं पड़ता। अपनी सहनशीलता के कारण वह सब प्रकार की दिमागी उलझनों को सुलझा लेता है।

शान्ति की राह दुनिया की सब राहों में सबसे श्रेष्ठ है। जो व्यक्ति शान्ति के मार्ग पर क़दम बढ़ाता है वह पूर्ण मुक्ति एवं जीवन मुक्ति को प्राप्त करता है। उसका शांत स्वभाव उसे ईश्वर के निकट ले जाता है तथा समाज के सब लोग उसे चाहने लगते हैं।

शान्ति जीवन का मूल मंत्र है। जब कभी आप असहनशील एवं मानसिक रूप से अशांत होने लगें तो शान्ति से संबंधित निम्नलिखित महत्त्वपूर्ण बातों पर विचार अवश्य कीजिए :

1. अशान्ति मेरे व्यक्तित्व का लक्षण नहीं है।
2. शान्ति ही मेरी असली पहचान है।
3. शान्ति मेरी आत्मा का स्वधर्म है।
4. मैं स्वयं आत्मरूप में शान्ति स्वरूप हूँ।
5. शान्तिधाम (परम धाम) मनुष्यात्माओं का मूल धाम है। मैं भी उसी शान्ति के लोक से पृथ्वी पर आया हूँ फिर मैं अशांत क्यों हूँ ?
6. ईश्वर शान्ति का सागर है। वह मेरा पिता है। शान्तिसागर परमात्मा की संतान होकर मैं खुद अशांत क्यों हूँ ?
7. यदि मैं खुद अशांत, परेशान या असहनशील हो जाऊँगा तो दूसरे लोगों को शान्ति कैसे दे सकूँगा। वे भी मुझे देखकर परेशान व अधीर हो जाएँगे इसलिए अपनी और दूसरों की भलाई के लिए मुझे अशांत नहीं होना चाहिए।
8. ईश्वर ने मुझे शान्ति से रहने के लिए जीवन दिया है न कि अशांत या परेशान होने के लिए।
9. मुझे कभी खुद अशांत या दुःखी नहीं होना, बल्कि सुख शान्ति की लहर सारे वातावरण में फैलानी है।
10. अपने मन की शान्ति से मुझे सारे विश्व को शान्तिमय बनाना है।

49

अपनी मनन-शक्ति बढ़ाएँ

जब आदमी बहुत सी बातों का चिंतन-मनन नहीं कर पाता तब वह परिस्थितियों के प्रति असहनशील हो जाता है। असहनशीलता एक प्रकार की नासमझी के कारण आती है, जिसे हम अपनी चिंतन-सामर्थ्य से दूर कर सकते हैं।

चिंतन की प्रक्रिया में वैज्ञानिक परिणाम के कारणों का पता लगाते हैं। पहले पौराणिक काल में समझा जाता था कि जल इन्द्र देवता बरसाते हैं, परंतु आधुनिक काल में वैज्ञानिकों ने अपनी चिंतन प्रक्रिया के द्वारा जाना कि जल तो जल चक्र के अनुसार बरसता है। समुद्र से पानी भाप बनकर आकाश में उड़ता है और ठण्डा होकर बूँदों के रूप में पृथ्वी पर बरसता है। वही बरसात कहलाती है।

इस प्रकार के बहुत सारे अंधविश्वासों को वैज्ञानिकों ने अपने चिंतन के जरिए दूर किया। अंधविश्वास मानस को घेरते हैं, जिसके कारण मानव असहनशील हो जाता है। पहले लोग भूत प्रेतों की बातों पर ज़्यादा विश्वास किया करते थे, लेकिन बाद में विज्ञान ने सिद्ध कर दिया कि यह तो मनुष्य की कल्पना है। इससे मनुष्य के मन का डर निकल गया और वह पहले की अपेक्षा अधिक समझदार बना। समझदारी से सहनशीलता उत्पन्न हुई।

मनुष्य की मनन शक्ति इस प्रकार के अनेक सारे अंधविश्वासों एवं बुराइयों को मिटा सकती है, जिससे वह अपरिमित सहनशक्ति को प्राप्त कर सकता है।

जब हम किसी समस्या को ठीक ढंग से नहीं समझ पाते या समस्या के समाधान के बारे में गहराई से विचार नहीं कर पाते, तो समस्या वहीं की वहीं खड़ी रहती है, जिसे देख हमें गुस्सा आता है तथा हम असहनशील हो जाते हैं।

चिंतनशील मनुष्यों की मनन-सामर्थ्य कई गुना अधिक होती है। इससे वे जीवन की गंभीर से गंभीर समस्या या कठिन परिस्थिति का हल निकाल लेते हैं। मनन शक्ति अनेक प्रकार की चिंताएँ भी हटाती है। मननशक्ति बढ़ाने के लिए आपको बहुत गंभीरता से एकाग्रचित्त रहना होगा। इस काम में एकांत और एकाग्रता जैसी चीजें आपकी बहुत मदद करेंगी। इस सबके फलस्वरूप आप परिस्थितियों का बड़ी आसानी से मुकाबला कर पाएँगे तथा सभी प्रकार की चिंताओं व तनाव से मुक्त रह पाएँगे। सहनशीलता के लिए मनन-शक्ति को बढ़ाना बहुत जरूरी है।

50

ज्ञानवान तथा दूरदर्शी बनें

ज्ञानवान व्यक्ति हमेशा सहनशील होता है, क्योंकि उसे सफलता अथवा असफलता के कारणों का अच्छी तरह से पता होता है। वह हर कर्म दूरदर्शी बनकर करता है। दूरदर्शी होने का मतलब किसी कार्य के भूतकाल, वर्तमान तथा भविष्य को देखना है। जब हम कार्य के तीनों कालों को देखकर चलते हैं तो हमें जीवन में किसी प्रकार की हानि नहीं उठानी पड़ती।

प्रत्येक कार्य और परिस्थिति के प्रति सहनशील बनने के लिए त्रिकाल का ज्ञान होना आवश्यक है। ब्रह्मा के तीन मुख उनकी त्रिकालदर्शी स्थिति को ही बताते हैं। ब्रह्मा के अतिरिक्त कई ऐसे देवी-देवता हैं, जिनके हमें तीन मुख ही दिखाए जाते हैं। जो मनुष्य सृष्टि के भूतकाल, वर्तमान और भविष्य यानी सृष्टि के आदि, मध्य, अंत को जान लेता है, वह त्रिकालदर्शी या त्रिमुखदर्शी कहलाया जाने लगता है।

अध्यात्म के कुछ प्रतीक ऐसे हैं, जिनको स्थूल रूप में सच मानने से बड़ा भ्रम हो जाता है। वास्तव में ये मनुष्यों की अच्छाइओं तथा बुराइयों को बताते हैं, जैसे रावण के दस शीश, सूर्पणखा की नाक, भीम की गदा, अर्जुन के बाण तथा कृष्ण का सुदर्शन चक्र[1] आदि जो क्रमशः मानव की दस बुराइयों, मनुष्य के अभिमान, योग बल, ज्ञान बल तथा आत्मदर्शन के सूचक हैं।

सच पूछिए तो ज्ञान की सही समझ भी मानव को सहनशील बनाती है। ज्ञानवान व्यक्ति सदैव अपने आत्मचिंतन में डूबा रहता है। इसके अलावा ज्ञान का मनन चिंतन करने के अलावा उसके पास किसी प्रकार का फालतू समय नहीं होता। इस कारण उसे इधर-उधर की व्यर्थ बातों पर ध्यान देने की फुर्सत नहीं होती।

कुछ लोग एककालदर्शी होते हैं। वे केवल अपने वर्तमान को ही देखकर चलते हैं तथा वर्तमान में ही कार्य की प्राप्ति की इच्छा रखते हैं। कुछ दोकालदर्शी होते हैं अर्थात् वे अपने कर्म तथा कर्म के कारण, भूतकाल को जानते हैं। त्रिकालदर्शी मानव अपने तीनों ही कालों को जानता है तथा कार्य के आदि मध्य अंत यानी कार्य के कारण, वर्तमान दशा तथा परिणाम को सोचकर चलता है। वह केवल उन्हीं कार्यों को करने के लिए तत्पर होते हैं जिनका परिणाम उसे अच्छा लगता है।

1. सुदर्शन चक्र को हमेशा 'स्वदर्शन-चक्र' या 'आत्मदर्शन-चक्र' समझना चाहिए।

51

संवेदनशील एवं समझदार बनें

जो भरा नहीं है भावों से, बहती जिसमें रसधार नहीं ।
वह हृदय नहीं है पत्थर है, जिसमें स्वदेश का प्यार नहीं ।।

और देश में सभी मनुष्य, जीव-जंतु, जड़-चेतन सभी आ जाते हैं। सहनशीलता का मनुष्य की संवेदनशीलता और समझदारी से बड़ा गहरा सम्बन्ध है। केवल संवेदनशील और समझदार व्यक्ति ही सहनशील हो सकता है। जिस मनुष्य का हृदय पत्थर का बना हुआ हो अथवा जो कठोर दिल वाला हो उससे संवेदन- शीलता और सहानुभूति की आशा कैसे की जा सकती है?

धन्य हैं वे मनुष्य, जिनके हृदय में करुणा है, क्योंकि वही मानवीय संवेदनाओं को अच्छी तरह समझ सकते हैं। यह 'समझ' ही वास्तव में मनुष्य की सच्ची समझदारी है। जो लोग मानवीय भावनाओं को नहीं समझ पाते वे न तो समझदार कहलाते हैं और न ही वे किसी कार्य के प्रति सहनशील रह पाते हैं।

मनुष्य सारे जीवों में सबसे अधिक संवेदनशील प्राणी माना गया है। उसके अंदर दूसरों का दुःख-दर्द गहराई से समझने की शक्ति होती है। यह सामर्थ्य पशुओं में नहीं होती।

जो हर बात को सहना जानता है वही दूसरों का कष्ट समझ सकता है।

आप संवेदनशील तथा विचारवान बनने का प्रयत्न कीजिए। इससे आप अपने जीवन की मुश्किलों का हल आसानी से कर पाएँगे तथा आई हुई परिस्थितियों को सह पाएँगे।

आदमी आयु में जैसे-जैसे बड़ा होता जाता है, वह अधिक सहनशील तथा समझदार बनता जाता है परंतु कुछ लोगों के अंदर आयु बढ़ने के साथ-साथ कठोरता आ जाती है। इसका कारण बुराइयों की तरफ मुड़ना और गलत प्रवृत्तियाँ अपनाना है। मनुष्य जब बुरे कर्मों में लिप्त हो जाता है तो वह झूठ बोलने लगता है। और भ्रष्टाचार करता है। उसके अंदर परोपकार की जगह स्वार्थ वृत्ति पनपने लगती है जिसकी पूर्ति के लिए वह कुछ भी कर सकने को तैयार रहता है।

इन सब कारणों से व्यक्ति के स्वभाव में कठोरता आती है और उसकी संवेदनशीलता समाप्त होती जाती है। सत्य की यथार्थ जानकारी न होने से वह सही समझ से काम नहीं ले पाता जिसके कारण उसका पतन होता है।

समझदारी कहती है कि हम सत्य, न्याय को मानें, ईश्वर पर विश्वास करें तथा सहनशील बनने का प्रयास करें।

संवेदनाहीन व्यक्ति मरे हुए के समान है। जिस मनुष्य के हृदय में करुणा

और प्रेम का तनिक भी रस नहीं उसे रास्ते में पड़ा हुआ जड़ पत्थर ही समझना चाहिए। मतलब यह है कि संवेदनशीलता और समझदारी के अभाव में मनुष्य का कभी कोई मूल्य नहीं है।

जीवन में कई नाजुक मोड़ ऐसे आते हैं जब संवेदनशीलता और समझदारी की आवश्यकता पड़ती है। इन चीजों के अभाव में व्यक्ति कभी-कभी परिस्थितियों का ठीक ढंग से मुकाबला नहीं कर पाता। जबकि इन चीजों के मौजूद होते हुए वह हर बात को आसानी से सहन कर लेता है।

52

सहानुभूतिपूर्ण हृदय रखें

दूसरों के प्रति हृदय तथा करुणा का भाव रखना ही सहानुभूति कहलाता है। सहानुभूति संवेदनशीलता के दौरान मन में आती है। इसकी वजह से मनुष्य पराए दुःख और कष्ट की वेदना को अपने अंदर गहराई से अनुभव कर पाता है।

जब तक हम दूसरे के दुःख को महसूस नहीं करेंगे तब तक उसे दूर करने के उपायों के बारे में कैसे सोच सकते हैं? जीवन में संपूर्ण सहनशीलता तभी आएगी जब हम दूसरों के प्रति करुणा तथा सहानुभूति का भाव रखेंगे।

सहानुभूति का शाब्दिक अर्थ साथ-साथ अनुभूति करना है (सह+अनुभूति)। जब हम अपने मन को दूसरों की संवेदनाओं के अनुकूल बना लेते हैं, तो इसे सच्ची-सच्ची सहानुभूति कहा जाता है। तात्पर्य यह है कि हम अपने आपको दूसरों के सुख में सुखी तथा उनके दुःख में दुखी महसूस करने लगते हैं।

सहानुभूति से सहनशीलता के गुण की प्राप्ति बड़ी आसानी से की जा सकती है। दूसरों के प्रति सहानुभूति का भाव रखने से हम अपने आप पर भी दया करना सीखते हैं। इसके फलस्वरूप कठिन कार्यों या प्रतिकूल परिस्थितियों में मन को धीरज तथा संतोष मिलता है। सहानुभूतिपूर्ण हृदय से किसी भी बात को सहन करना सहज हो जाता है।

कलियुग के चलते कठिन दौर में मानव के अंदर सहानुभूति का भाव अवश्य कम होता जा रहा है, क्योंकि मानव स्वार्थी होकर दिन पर दिन अपने कार्यों में व्यस्त होता जा रहा है। उसके पास खुद की चिंताएँ अत्यधिक हैं, जिसके कारण वह परोपकार या किसी के प्रति सहानुभूति का भाव रखने के बारे में सोच भी नहीं पाता।

आजकल सहानुभूति का भाव किस कदर मिटता जा रहा है, इसे हम महा-नगरों के हालातों पर गौर करके देख सकते हैं। दिल्ली तथा मुंबई जैसे बड़े शहरों में दिन दहाड़े लोगों का खून हो जाता है और लोग तमाशा बने देखते रहते हैं। दुर्घटना में यदि कोई व्यक्ति असहाय घायल पड़ा हुआ कराहता रहे तो उसे कोई उठाकर अस्पताल तक ले जाने को तैयार नहीं होता, क्योंकि पुलिस का चक्कर है। लोग सोचते हैं कि परोपकार के चक्कर में बिना बात पुलिस के लफड़े में फँस जाएँगे, इससे तो बचकर निकलना ही बेहतर है। वे सब कुछ देखते हुए भी अपनी आँखें बंद कर लेते हैं। कोर्ट में जब किसी ग़रीब को गवाह बनाकर पूछा जाता है कि तुमने क्या-क्या देखा तो वह घबराते हुए कहता है, "हुजूर, माई बाप, मैंने कुछ नहीं देखा। भगवान की सौगंध खुदा क़सम !"

सहानुभूति के अभाव में जहाँ एक ओर व्यक्ति दुघर्टना का शिकार हो

जाता है, वहीं दूसरी ओर मुसीबत के समय हमारे प्रति सहानुभूति रखने वाला भी कोई नहीं होता, जिससे हम अत्यंत असहनशील, दुखी और परेशान हो उठते हैं।

एक बार स्वामी विवेकानंद ने कहा था कि यदि तुम्हारे अंदर दूसरों के प्रति सहानुभूति नहीं है, तो तुम चाहे संसार के सबसे बड़े बुद्धिवादी क्यों न हो, तुम कुछ भी नहीं बन सकोगे। यह सहानुभूति की भावना ही वह जीवन है, वह शक्ति है, वह बल है, जिसके बिना अनेक बौद्धिक व्यायाम से तुम ईश्वर को प्राप्त नहीं कर सकते।

53

हर कार्य दृढ़ता के साथ करें

सहनशीलता मनुष्य के मन को मज़बूत बनाती है। जिन लोगों के जीवन और निश्चय में दृढ़ता की शक्ति होती है वे वास्तविक रूप से बहुत सहनशील बन सकते हैं। कोई भी कार्य करते हुए हमें बहुत हिम्मत से काम लेना चाहिए। कार्य चाहे कितना ही अधिक कठिन हो, परंतु हम निराश न हों। कमज़ोर बनने के बजाय हम अपना हौंसला बुलंद करें तथा प्रत्येक कार्य आत्मविश्वास के साथ पूरा करें।

जीवन में कई लोग कार्य में सफलता प्राप्त करते हैं। इंसान अपने आत्म निश्चय की मजबूती से पहाड़ की चोटी पर चढ़ जाता है, चंद्रमा आदि ग्रहों पर राकेट से चक्कर लगा आता है और वह समुद्र की गहराई भी नाप आता है। वैज्ञानिकों ने आज तक जितने भी आविष्कार किए हैं या यंत्र बनाए हैं, अपने आत्मविश्वास की दृढ़ता और कार्य के प्रति अटूट लगन के फलस्वरूप ही बनाए हैं।

मन की मजबूती के बिना किसी कार्य में सफलता नहीं पाई जा सकती। यदि हम अपने जीवन के विभिन्न महत्त्वपूर्ण कार्यों में सफलता प्राप्त करना चाहते हैं तो हमें स्वयं में दृढ़ता का भाव रखना होगा।

आलस्य और लापरवाही मनुष्य की दृढ़ता को कम कर देता है। इसके कारण मनुष्य कार्य करते समय पूरी हिम्मत नहीं जुटा पाता। यही कारण है कि उसका कार्य अधूरा रह जाता है तथा वह पूरी सफलता को नहीं प्राप्त करता।

मन की दृढ़ता का सहनशीलता से बहुत गहरा सम्बन्ध है। जब तक मनुष्य का मन मजबूत नहीं होता तब तक उसे अपने अंदर हिम्मत नहीं आती। बिना हिम्मत के वह चाहते हुए भी कठिन परिस्थितियों का मुकाबला नहीं कर पाता और कार्य के दौरान अपना संयम खो बैठता है। इससे उसे बहुत बड़ी हानि उठानी पड़ती है। असहनशीलता के कारण उसे कार्य में तो असफलता मिलती ही है, परंतु वह अपने जीवन के प्रति भी बुरी तरह निराश हो जाता है।

आप भगवान पर भरोसा रख अपने कार्यों को दृढ़तापूर्वक कीजिए इससे आप अपने जीवन के अंदर भी सहनशील रह सकेंगे तथा समस्याओं का आसानी से मुकाबला कर पाएँगे।

54

शुभ संकल्प लेकर सही दिशा में सोचें

सहनशीलता केवल सच्चाई और ईमानदारी के साथ ही आ सकती है। यदि हम हमेशा अच्छा सोचें, तो सहनशीलता हमारे पास होगी।

इस संसार में दो प्रकार के लोग रहते हैं—एक वह, जो अच्छा सोचते हैं, दूसरे वह, जो बुरे विचार रखते हैं। बुरे विचार वाले मनुष्य प्रायः असहनशील देखने में आते हैं। जो लोग शुभ सोचते हैं, सबके प्रति कल्याण की भावना रखते हैं; वे बहुत सहनशीलता के साथ जीवन जीते हैं।

सहनशीलता बढ़ाने के लिए हमें प्रतिदिन सुबह एक अच्छा संकल्प अवश्य लेना चाहिए। सुबह अच्छा सोचने से हमारा सारा दिन अच्छे विचारों में बीतेगा, इससे हम जीवन की प्रसन्नता को प्राप्त कर सकेंगे।

व्यक्ति को हमेशा अच्छी दिशा में ही सोचना चाहिए। किसी बात के एक अच्छा अर्थ तथा दूसरा बुरा अर्थ भी निकाला जा सकता है। यदि हम एक अच्छे इंसान के रूप में जीना चाहते हैं, तो हम बात का ठीक अर्थ निकालें। अच्छा अर्थ निकालकर हम सदैव खुश रह सकेंगे।

आदमी आज जीवन रूपी चौराहे पर खड़ा हुआ है। ज्ञान के अभाव में उसे पता नहीं पड़ता कि उसे किधर जाना है। जब कोई व्यक्ति अच्छे के बजाय गलत रास्ते पर चल पड़ता है, तो दूषित विचार या कुसंग के कारण वह अपने जीवन का पतन कर लेता है। ज़रा-ज़रा सी बात पर वह लड़ने-झगड़ने लगता है। उत्तेजित और परेशान हो जाता है। असहनशील बन जाता है।

यदि मनुष्य विवेक पूर्वक अपने जीवन की दिशा के बारे में विचार करे तो वह भटकने से बच सकता है। सही दिशा में सोचने से उसके मन में भले विचार उत्पन्न होंगे। इससे वह सहनशीलता तथा जीवन की उन्नति प्राप्त कर सकेगा। संपूर्ण रूप से सहनशील बनने के लिए हमें इस प्रकार के शुभविचार या श्रेष्ठ संकल्प मन में करने होंगे :

1. सबका भला हो। सबका कल्याण हो।
2. सब जन सुखी हों। सब आत्मोन्नति पाएँ।
3. कोई कहीं दुःखी न हो। मैं सबका सहायक बनूँ।
4. सब लोग ईश्वर के बच्चे हैं।
5. दुनिया के सब लोग मेरे भाई बहन हैं।
6. यह पृथ्वी मेरा परिवार है।
7. स्वर्णिम युग अब आने वाला है।

8. मेरा भविष्य उज्ज्वल है।
9. मैं विघ्न विनाशक हूँ।
10. मैं विश्व परिवर्तक हूँ।
11. मैं रहमदिल आत्मा हूँ।
12. मैं सबको अच्छा रास्ता बताने वाला हूँ।
13. मैं ईश्वर प्रिय रहूँ।
14. मैं शान्तिदूत बन चारों ओर शान्ति फैलाने वाला हूँ।
15. मैं असहायों का सहारा हूँ।
16. मैं अपने बल से सबको समर्थ बनाने वाला हूँ।
17. मैं सद् ज्ञान का प्रकाश फैलाने वाला दीपक हूँ।
18. मैं क्षमाशील हूँ।

इस प्रकार के शुभ संकल्प हम सभी को करने चाहिए, तभी हम सच्चे रूप से सहनशील बन सकेंगे।

55

सदैव अपने को आशावादी बनाएँ

जिस समय व्यक्ति जीवन से ज़्यादा हतोत्साह या निराश हो जाता है, उस समय वह अधिक देर तक सहनशीलता की स्थिति में टिक नहीं पाता और शीघ्र ही असहनशील हो जाता है।

निराशा से बचने के लिए मनुष्य को हमेशा आशावादी बनकर रहना चाहिए। पराजय या दुःख-हानि प्राप्त होने पर भी, निराश होने की बजाय हम यही सोचें कि ये दुःखदाई परिस्थितियाँ हमारे जीवन की कसौटी या परीक्षाएँ हैं, जिनमें हमें पास होना है या खरा उतरना है।

विद्यार्थी पेपर को परीक्षा समझकर तैयारी करता है और अपनी मेहनत तथा लगन के फलस्वरूप पढ़ाई में अच्छे नंबर लाकर पास हो जाता है। जीवन की प्रतिकूल परिस्थितियाँ या समस्याएँ भी मनुष्य के जीवन की परीक्षाएँ हैं। उन्हें मजाक बनाने की बजाय हमें गंभीर रूप से सारी परिस्थितियों पर विचार करना चाहिए।

पराजय, दुःख, असफलता या हानि की स्थिति में हमें हतोत्साहित होने की बजाय हिम्मत से काम लेना चाहिए। यदि हमारा कुछ खो गया हो या लुट चुका हो, तो हमें सोचना चाहिए कि हम इस संसार में क्या लेकर आये थे ? जब हम कोई चीज या कोई व्यक्ति अपने साथ ईश्वर के घर से लाए ही नहीं तो किस बात का दुःख हो रहा है?

अपमान का अनुभव केवल उसे ही होता है जिसे अपना अभिमान होता है। जो सज्जन मान-शान के द्वंद्व से परे है, उसे अपमान का कैसा दुःख ? रही पराजय या असफलता की बात। यदि वह हमें मिलती है तो हमें उस पराजय या असफलता से शिक्षा लेकर आगे बढ़ना चाहिए। बच्चा कई-कई बार गिरकर सँभलकर चलना सीखता है। पहले वह ज़बान से तुतलाता है या लड़खड़ाता है तब उसे बोलना आता है। असफलता गिरावट या पतन का सूचक नहीं है। वह तो हमें अपने पथ पर और आगे बढ़ने की प्रेरणा या हिम्मत देती है।

आज तक जितने भी प्रसिद्ध खिलाड़ी या राजनेता हुए हैं, सबने हारकर ही जीत की खुशी पाई है। हमारी महानता केवल सफलताएँ पाते जाने में ही नहीं है। असफलता पाने के बाद भी अगर हम आगे बढ़ने का साहस रखते हैं या आशावादी बनते हैं तो वही हमारी महानता है। इसी महानता के कारण हम जीवन में पूर्ण सफलताओं के शिखरों को छू सकेंगे।

एक बार एक सहनशील व्यक्ति का दाहिना पैर टूट गया, तो वह ईश्वर को धन्यवाद देता हुआ बोला, ''चलो, अच्छा हुआ मैं व्यर्थ इधर-उधर घूमने से बच गया।

अब एक जगह बैठकर सकारात्मक चिंतन कर सकूँगा।''

व्यक्ति यदि आशावादी हो, तो वह बड़ी से बड़ी विपत्ति या दुर्घटना में भी सहनशील बनकर रह सकता है। आशावादी होने के लिए मनुष्य की विचार क्षमता और दृष्टिकोण महान होना चाहिए। इसके अलावा नकारात्मक विचारों के बजाय उसे हमेशा शुभ सोचना होगा। तभी वह पूर्ण रूप से आशावादी बन सकेगा।

रोग की अवस्था में आशावादी व्यक्ति कभी स्वयं को नहीं कोसेगा और न भगवान को कोसेगा। वह सहनशील होकर रोग का कष्ट झेलेगा तथा यह कहते हुए ईश्वर को धन्यवाद देगा, ''चलो अच्छा हुआ, इस बहाने मैं प्रभु को याद तो कर लूँगा और पराई पीर के दर्द की वेदना भी समझ लूँगा। यह बीमारी अकारण नहीं आई। अवश्य ही इस जन्म में या पूर्व जन्म में मैंने ऐसे अनर्थ कर्म किये हैं, जिनकी सजा बीमारी के रूप में मुझे मिली है। यह बीमारी चले जाने के बाद मैं पूर्व विकर्मों के भार से मुक्त हो जाऊँगा।''

निराशावादी व्यक्ति, 'हाय-हाय', 'हे भगवान !' कहकर बीमारी का कष्ट सहन करते हैं तथा वे दूसरों के अंदर भी गलतियाँ ढूँढ़कर उन्हें दोष देते रहते हैं।

आशावादी व्यक्ति परिस्थितियों से जल्दी हार नहीं मानता। वह कठिन से कठिन स्थिति में भी अपने जीवन का मार्ग आसानी से निकाल लेता है। इस कारण आसानी से लंबे समय तक अपनी सहनशीलता को कायम रख पाता है।

56

सदैव निर्माणकारी संकल्प लें

मनुष्य के संकल्प या विचार निर्माणकारी और विध्वंसकारी–दोनों ही प्रकार के हो सकते हैं। जिस समय विज्ञान के सिद्धांत बनाए गए थे। उस समय वैज्ञानिकों का उद्देश्य मानव हित के लिए भौतिक साधनों का निर्माण करना था। इस प्रकार के निर्माणकारी संकल्पों से मनुष्य ने सभ्यता से जीना सीख लिया। वह अच्छी मिल के वस्त्र पहनने लगा और दफ्तर, कार्यालयों में कंप्यूटर का उपयोग करने लगा। वैज्ञानिकों के निर्माणकारी संकल्पों से जिन मशीनों का आविष्कार हुआ उन्होंने आम आदमी को नई समझ व नई जीवन शैली दी।

समय का रुख बदला। जिन वैज्ञानिकों ने मानव हित के साधन बनाए थे वे ही मानव जाति के संहार या विनाश के लिए विध्वंसकारी हथियारों का निर्माण करने लगे। फलस्वरूप एटम बम, मिसाइल और शक्तिशाली तोप-मशीन गनों का आविष्कार हुआ।

जब हम किसी के प्रति शुभ भावना रखते हैं, किसी से मधुर बोलते हैं या नम्रतापूर्वक व्यवहार करते हैं, तो हम एक निर्माणकारी या कल्याणकारी युग पुरुष के रूप में होते हैं। हमारे इस व्यवहार से सृष्टि का वातावरण श्रेष्ठ बनता है, परंतु जब हम किसी के प्रति अशुभ भावना रखकर उसे किसी तरह की हानि पहुँचाने का विचार करते हैं तो हम मानव जाति के विनाशक या सृष्टि के विध्वंसक माने जाएँगे।

जो लोग गलत कार्यों में रुचि लेकर विनाशकारी संकल्पों का ताना-बाना बुनते रहते हैं। उन्हें प्रायः असहनशील अवस्था में देखा जाता है किंतु कल्याणकारी शुभविचार या निर्माणकारी संकल्प रखने वाले व्यक्ति धीर, गंभीर और साहसी होने के कारण सदा सहनशीलता की दशा में रहते हैं।

विज्ञान ने निर्माणकारी बनने के बाद विध्वंसकारी बनने की जो भूल की है वह भूल हमें नहीं दोहरानी चाहिए। जहाँ तक हो सके, हम परोपकारी बनें तथा मनुष्य सृष्टि को सुखमय बनाने का उपाय सोचें।

निर्माणकारी संकल्पों से मनुष्य की मानसिक शक्ति इकट्ठी होती है इसलिए व्यक्ति सहनशील रहता है जबकि विनाशकारी अशुभ संकल्पों से उसकी मानसिक ऊर्जा का क्षय होता है इसलिए प्रायः मनुष्य असहनशील या चिड़चिड़ा रहता है।

प्रातः काल उठते ही हमें कोई न कोई निर्माणकारी संकल्प या शुभविचार अवश्य ले लेना चाहिए, ताकि सारा दिन हमारा अच्छा बीते। सुबह की मानसिक स्थिति का प्रभाव मनुष्य के सारे दिन की दिनचर्या पर पड़ता है। यदि सुबह-सुबह कोई शांत

रहना सीख ले, तो सारा दिन उसका शान्ति से बीतेगा, परंतु यदि सुबह ही किसी ने किसी व्यक्ति से लड़ना-झगड़ना या चीखना-चिल्लाना शुरू कर दिया, तो दिन-भर वह बोलने वाला या झगड़ने वाला व्यक्ति बेचैनी में रहेगा।

जीवन को सहनशील तथा मन को शांत बनाने के लिए आप रोज सुबह निम्नलिखित में से कोई एक निर्माणकारी संकल्प या शुभविचार का चिंतन अपने मन में कर सकते हैं :

1. सहनशीलता मेरी आत्मा का शृंगार है।
2. मैं आत्मा से शान्तिस्वरूप हूँ।
3. मैं सबकी कल्याणकारी आत्मा, सबका भला करने वाली हूँ।
4. मैं प्रभुप्रिय आत्मा हूँ।
5. विपत्तियाँ मुझे परिपक्व बनाने वाली हैं।
6. मैं सबसे स्नेह रखने वाली आत्मा हूँ।
7. मैं आत्मा, परमपिता परमात्मा की प्यारी संतान हूँ। उनकी गोदी का बच्चा हूँ।
8. मैं अपने शुभ संकल्पों से सृष्टि को सुखदाई बनाऊँगा।
9. आज मैं क्रोध की बला से मुक्त रहूँगा।
10. मैं मन वचन कर्म से पवित्र रहने वाला हूँ।
11. सब लोग मेरे मित्र हैं। मेरा शत्रु कोई नहीं है।
12. मैं सब जीव जंतुओं पर दयाभाव रखने वाला हूँ।
13. मैं भगवान का सच्चा ईमानदार बालक हूँ। मेरे जीवन के सारे बोझ ईश्वर के पास हैं अतः मैं सब प्रकार के बोझों से मुक्त हूँ।
14. मैं सद्गुणों को धारण कर और अवगुणों को त्यागकर श्रेष्ठ मानव बनने वाला हूँ।
15. मैं हर परिस्थिति में सदा अचल हूँ। कोई भी बात मुझे अपने कर्त्तव्य पथ से नहीं डिगा सकती और न मैं किसी तरह विचलित हो सकता हूँ।
16. मैं दैहिक भान से मुक्त अपने आप में स्वतंत्र, चैतन्य, अजर अमर अविनाशी, एक मनुष्यात्मा ही हूँ।

57

स्वार्थ भावना त्यागें, परमार्थ पर चलें

व्यक्ति जब अपना स्वार्थ पूरा होता हुआ नहीं देखता तो उसे क्रोध आने लगता है तथा उसकी सहनशीलता का संयम टूट जाता है। इसलिए जहाँ तक संभव हो स्वार्थ भाव छोड़कर परोपकार या परमार्थ के मार्ग को हमें अपनाना चाहिए। दूसरों का भला करने से आदमी को सबकी दुआ और आशीर्वाद की प्राप्ति होनी है। ये दुआएँ ही उसे जीवन में सदा सहनशीलता का संयम प्रदान करती हैं।

मनुष्य एक सामाजिक प्राणी है। इसलिए उसे अपने भले के साथ-साथ समाज के भले के बारे में भी सोचना चाहिए। केवल अपना भला सोचकर और समाज के लोगों की उपेक्षा करके हम सुखी कभी नहीं रह सकते।

जब मनुष्य परमार्थ की बात सोचता है, तो उसका अपना भला स्वयं हो जाता है। जो लोग अपने पीड़ित पड़ोसी के जीवन की रक्षा करते हैं, भगवान उनकी रक्षा करता है। इसलिए परमार्थी व्यक्ति को अपने जीवन की चिंता कभी नहीं करना चाहिए।

परोपकारी व्यक्ति के जीवन का योगक्षेम भगवान खुद वहन करते हैं। परोपकार से मन में शान्ति और स्वच्छता बनी रहती है, जिससे जीवन के सच्चे आनंद और सौंदर्य की अनुभूति होती है।

यह ज़रूरी नहीं कि कोई आपका भला करे, तभी आप उसका भला करें। यह धारणा गलत है कि किसी के द्वारा लाभ मिलने पर ही उसे लाभ दिया जा सकता है। यह प्रवृत्ति मनुष्य की स्वार्थभावना को प्रकट करती है। कई लोग सीधे-सादे व्यक्तियों पर उपकार करना अपना धर्म समझते हैं, परंतु बुरे लोगों से वे नफ़रत करते हैं।

परमात्मा कहते हैं कि मनुष्य को अपने शत्रु, विरोधी और अपकारी व्यक्ति के ऊपर भी दया, क्षमा, स्नेह का भाव रखकर उसका उपकार करना चाहिए। यही सबसे सच्चा परमार्थ है। सहनशील व्यक्ति वही है, जो अपमान और निंदा करने वाले व्यक्ति को, गाली और कटु शब्द बकने वाले व्यक्ति को भी मुस्कराकर अपने गले से लगाए।

58

अनर्थ कर्मों से किसी की बद्दुआ न लें

मनुष्य अज्ञानवश अपने जीवन में कुछ ऐसे काम कर डालता है जिससे उसे लोगों की बद्दुआ मिलती हैं। ऐसे कर्म प्रायः दुष्कर्म या अनर्थकारी कर्म ही होते हैं। कभी-कभी बद्दुआएँ भी मनुष्य को असहनशील बना देती हैं। दूसरी ओर, दुआओं की शक्ति मानव को सहनशील बनाने में मदद करती है।

कहते हैं कि जहाँ दवा काम नहीं करती वहाँ दुआ काम कर जाती है। मनुष्य की दुआ या शुभ आशीर्वाद में बड़ी शक्ति होती है। दुआ या शुभ भावनाओं से किसी भी मनुष्य के हृदय का परिवर्तन किया जा सकता है। जब कोई आदमी बुरा काम करता है तो समाज के लोग उसे बद्दुआ देते हैं या उससे बुरा-भला कहते हैं। तब वह उनकी बातों का बुरा मानता है। उसके जीवन की सहनशीलता पलभर में गायब हो जाती है। वह दूसरों पर क्रोध करने लगता है तथा उसका स्वभाव चिड़चिड़ा बन जाता है।

परमात्मा ने हमें मनुष्य का जीवन बुरा काम करने के लिए नहीं दिया। हमें जीवन इसलिए मिला है, ताकि हम संसार की भलाई के लिए अच्छे काम कर सकें।

जिस बात से समाज का भला हो, हमें वही काम करना चाहिए क्योंकि हम समाज का एक हिस्सा हैं। यदि समाज का भला होगा तो हमारा भी भला होगा। समाज से हम किसी भी विषय में प्रभावित हुए बिना नहीं रह सकते।

कोई मनुष्य सत्कर्म नहीं कर पाता, इसमें उसका दोष नहीं है। किसी ने बेचारे को सत्कर्म की पहचान दी ही नहीं है, तो वह सत्कर्म कैसे कर सकता है ? सत्यकर्म की पहचान ईश्वर द्वारा मिलती है। वही सबकी सद्बुद्धि का दाता है। यदि हम स्नेहपूर्वक परमपिता परमात्मा को याद करेंगे, तो हमें अच्छे कर्म करने की प्रेरणा उससे स्वतः प्राप्त होगी।

अच्छे कर्म करने वाले मनुष्य की सहनशीलता कभी खंडित नहीं होती। जो लोग हितकारी कर्मों से सबकी दुआएँ लेते हैं, उन्हें सबका सहयोग अवश्य मिलता है। जिससे उनके अंदर सहनशीलता का उत्साह दूना हो जाता है।

59

माया के सारे चक्रों से बचें

लोग प्रायः धन-दौलत या नारी के सौंदर्य को माया का रूप समझते हैं। कई लोगों का मानना है कि माया किसी व्यक्ति से मोह-आसक्ति का नाम है परंतु आध्यात्मिक नज़रिए से यदि देखा जाए तो माया ऐसी कोई चीज नहीं है। योगी जन मनुष्य की दूषित मनोवृत्ति या काम, क्रोध, लोभ, मोह, अहंकार आदि बुराइयों को माया मानते हैं। सर्वप्रथम माया का रूप व्यक्ति के देहाभिमान या मिथ्या दैहिक घमंड से शुरू होता है। अन्य विकार भी इसी से उत्पन्न होते हैं।

शरीर के रूप रंग का मिथ्या आकर्षण अवश्य 'माया' ही है, क्योंकि यह मनुष्यों की बुद्धि को भ्रमित कर देता है। बुद्धि से भ्रमित हुआ व्यक्ति असहनशीलता को प्राप्त करता है।

महाभारत में बताया गया है कि महारथी अर्जुन के पुत्र अभिमन्यु को युद्ध में हराने के लिए कौरवों ने कूटनीति का सहारा लिया उन्होंने सात मायावी द्वार बनवाए। नियमानुसार सातों द्वार तोड़कर अभिमन्यु को युद्ध में विजय प्राप्त करनी थी।

सच्चाई के रास्ते पर चलने वाला प्रत्येक व्यक्ति अभिमन्यु योद्धा की भाँति होता है। उसके ध्येय-निश्चय की परीक्षा लेने के लिए माया नाम की बुराइयाँ विभिन्न प्रकार के चक्कर चलाती हैं। इन चक्रों से संघर्ष करते समय मनुष्य की सहनशीलता की परीक्षा होती है। जो लोग दैहिक घमंड में रहकर आत्मिक स्थिति या आत्मवत् अवस्था में रहना जानते हैं, उनको माया के किसी प्रकार के चक्कर परेशान नहीं करते। इसलिए वे हमेशा सहनशीलता और शान्ति की स्थिति में रहते हैं।

माया के चक्रों के आकर्षण में फँसकर बड़े-बड़े महापुरुषों ने अपनी सहनशीलता को गँवाया तथा पतन को पाया। समझदार विवेकशील ज्ञानी पुरुष ज्ञान की दृष्टि से माया के सारे कुचक्रों का रूप पहले से ही देख लेते हैं तथा उन कुचक्रों में फँसने से बच जाते हैं। सदैव सहनशील रहने के लिए माया अथवा बुराइयों की परख होना भी बहुत ज़रूरी है। हमें इतना अबोध भी नहीं होना चाहिए कि हम माया को जान न पाएँ और उसके चक्कर में फँस जाएँ। जब आदमी माया के चक्र में फँस जाता है, तो अपनी सहनशीलता तथा मानसिक शान्ति इत्यादि सब कुछ गँवा देता है।

60

मोह और आसक्ति को मिटाते जाएँ

महाभारत में अर्जुन को गीता-उपदेश सुनाने के पीछे भगवान का यही उद्देश्य था कि उसका मोह नष्ट हो जाए। यह मोह आसक्ति मनुष्य के देहाभिमान के कारण उत्पन्न होती है। गीता के अठारह अध्याय सुनाने के बाद परमात्मा अर्जुन से पूछते हैं कि क्या अभी भी तुम्हारा मोह दूर नहीं हुआ ? देखिए :

कच्चिदेतच्छ्रुतं पार्थ त्वयैकाग्रेण चेतसा।
कच्चिदज्ञानसम्मोहः प्रणष्टस्ते धनंजय।। (श्लोक 72)

अर्थात् हे पार्थ! क्या इस (गीता ज्ञान) को तूने एकाग्रचित्त से श्रवण किया है ? और हे धनंजय ! क्या तेरा अज्ञानजनित मोह नष्ट हो गया ?

अर्जुन उवाच :

नष्टो मोहः स्मृतिर्लब्धा त्वत्प्रसादान्मयाच्युत।
स्थितोऽस्मि गतसन्देहः करिष्ये वचनं तव।। (श्लोक 73)

अर्जुन बोले–हे अच्युत ! आपकी कृपा से मेरा मोह नष्ट हो गया और मैंने स्मृति प्राप्त कर ली है। अब मैं संशय रहित होकर स्थित हूँ, अतः आपकी आज्ञा का पालन करूँगा।

मोह अज्ञान का सूचक है। मोह और प्रेम में बड़ा अंतर है। मोह हमें असहनशील (प्रिय के विछोह में) बनाता है, जबकि प्रेम हमें संयम और सहनशीलता सिखाता है। मोह, काम एवं क्रोध के बाद आने वाला पांचवां विकार है जबकि प्रेम विकार या बुराई न होकर ज्ञान का सूचक है।

अर्जुन की तरह, यदि हमारा मोह दूर न हुआ तो हमें भी जीवन में शोक करना पड़ेगा। वास्तव में दुनिया के सब रिश्ते केवल मोह के रिश्ते हैं, सब लोग मृत्यु के समय हमारा साथ छोड़ देने वाले हैं। ईश्वर के अतिरिक्त किसी को भी मानव का सच्चा साथी नहीं माना जा सकता। इसका कारण यह है कि वह मौत के बाद भी उसके साथ रहता है।

ईश्वर हमारे जीवन की सहायता करता है इसलिए यदि हमें आसक्ति या लगाव रखना है तो ईश्वर से रखें। बाकी दुनिया वालों से मोह के बजाय हम प्रेम रखें तो ज्यादा बेहतर है। इससे हम अनेक प्रकार के स्वार्थ व धोखे से बच जाएँगे।

आज मनुष्य को अपने शरीर से भी अधिक मोह हो गया है इसलिए जरा सी बीमारी, दुर्घटना, विपत्ति आने पर वह परेशान हो उठता है तथा जल्दी ही असहनशील

होकर घबरा जाता है। मानव दैहिक स्मृति के बजाय यदि अपनी आत्मस्मृति में टिके तो वह हमेशा सहनशील बन सकता है। गीता में लिखा है :

नैनं छिन्दन्ति शस्त्राणि नैनं दहति पावकः।
न चैनं क्लेदयन्त्यापो न शोषयति मारुतः।।

अर्थात् इस आत्मा को शस्त्र नहीं काट सकते, इसको आग नहीं जला सकती। इसको जल गला नहीं सकता और वायु इसे सुखा नहीं सकती।

यदि मनुष्य अपने आपको देह से न्यारी चैतन्य ईश्वरीय शक्ति आत्मा समझे, तो उसे किसी भी प्रकार का भय मोह नहीं हो सकता। यह आत्मस्मृति मनुष्य का समस्त अज्ञान मिटाने वाली है।

मोह जब किसी व्यक्ति के प्रति रखा जाता है, तो आसक्ति या लगाव कहलाता है और किसी वस्तु के प्रति रखा जाता है तो लोभ कहलाता है। इस प्रकार मोह और लोभ के रूप में आसक्ति की अलग-अलग भाषाएँ हैं। आइए लोभ और मोह को दूर करने के उपाय के बारे में जानें :

यह तो हम मानते ही हैं कि संसार के समस्त भौतिक पदार्थ नश्वर हैं। व्यक्ति का शरीर भी नश्वर है। ये चीजें दुनिया में सदैव रहने वाली नहीं हैं। केवल मनुष्य की आत्मा ही एक ऐसी चीज है, जो अजर-अमर-अविनाशी है और सदा रहने वाली है। हमारा प्रेम विनाशी वस्तु से नहीं, बल्कि अविनाशी वस्तु से होना चाहिए क्योंकि वह अधिक स्थायी भी होती है।

अविनाशी वस्तु में मनुष्य की आत्मा के अलावा ईश्वर या परमात्मा भी है। परमात्मा वह परमशक्ति है जिसे दुनिया के सब लोग मानते हैं।

इस प्रकार यदि हम दुनिया की समस्त विनाशी वस्तुओं तथा मनुष्यों के विनाशी शरीरों से मोह त्याग दें, सब लोगों से मात्र आत्मीय (आत्मारूप का) प्रेम करें, अपने आपको अविनाशी आत्मशक्ति माने तथा ईश्वर या परमात्मा से स्नेह करें तो जीवन में सहनशीलता की शक्ति बड़ी आसानी से प्राप्त कर सकते हैं।

61

अपना आत्मबल बढ़ाएँ

सहनशीलता को सुदृढ़ करने के लिए आत्मबल बढ़ाना ज़रूरी है। जो लोग आत्मबल के धनी होते हैं वे प्रारंभ से ही सहनशील होकर चलते हैं। सहनशीलता के पालन में उन्हें कोई कष्ट उठाना नहीं पड़ता, किन्तु कमजोर और असहाय व्यक्तियों के पास आत्मबल का अभाव होता है, इसलिए वे मन, वचन, कर्म से टूटे हुए या क्षीण मालूम पड़ते हैं। आत्मबल बढ़ाने के कई तरीक़े हैं। सबसे बड़ा तरीका आध्यात्मिक योग साधना का है। इसके अलावा निम्नलिखित अन्य विधियों से भी आत्मबल बढ़ाया जा सकता है :

1. सकारात्मक चिंतन, 2. साहस से, 3. निर्भयता अपनाकर, 4. शरीर को नश्वर एवं अपनी अंतरात्मा को अविनाशी चैतन्य शक्ति मानकर, 5. श्रेष्ठ कर्मों द्वारा, 6. यथार्थ कर्त्तव्य बोध से, 7. सही लक्ष्य का मार्ग चुनकर, 8. ईमानदारी से, 9. सत्यता पर चलकर, 10. चारित्रिक उज्ज्वलता से।

जिन लोगों के पास अपना आत्मबल एवं विवेक होता है वे अपने मनोबल को कभी कमजोर नहीं होने देते। जब मनुष्य के मन में हीन भावनाएँ या ऊँच-नीच के विचार घर कर जाते हैं, तो उसका आत्मबल कमजोर पड़ जाता है। इससे सहनशीलता की भी हानि होती है।

खोए हुए आत्मबल को आत्मस्मृति के जरिए भी प्राप्त किया जा सकता है। जब मनुष्य अपनी आत्मा को भूल देह को ही सब कुछ मानने लगता है, तो उसका आत्मबल भी चला जाता है। मिथ्या शारीरिक बल पर घमंड करने से मनुष्य का विवेक कुछ काम नहीं करता।

कितनी अजीब बात है कि आज की दुनिया में मनुष्य धन, बल, भौतिक बल, शारीरिक बल तो बढ़ाना चाहता है, किन्तु अपना योगबल या आत्मबल कोई भी नहीं बढ़ाना चाहता। आत्मबल बढ़ाए बिना हम अपने चरित्र का उत्थान या आत्मोत्थान प्राप्त नहीं कर सकते। सहनशीलता के शब्दकोश में आत्मबल जैसे शब्द का स्थान बहुत ऊँचा है। आज तक जितने महापुरुष हुए हैं, वे आत्मबल के धनी होने के कारण ही महान् बने हैं।

62

सत्संग में रुचि लें

सहनशीलता पाने का सही तरीका सत्संग में सम्मिलित होने का है। सत्संग में मनुष्य को अच्छे विचार मिलते हैं, जिनके प्रभाव से वह बुरे विचार, बुरी भावना, बुरी आदत या बुरे कर्म त्याग देता है। मनुष्य के अंदर छिपी बुराइयाँ उसके जीवन की सहनशक्ति (Patience) कम करने वाली होती हैं। सत्संग के प्रभाव से जब आदमी अच्छी बातें तथा अच्छी आदतें सीख जाता है, तो सहनशक्ति अपने आप ही उसके पास चली आती है।

सत्संग के प्रभाव से मनुष्य के अंदर महानता के लक्षण आते हैं तथा वह समाज में वंदनीय बनता है। आजकल अधिकांश युवक कुसंग के चक्कर में फँसकर अपने तन-मन की शक्ति को व्यर्थ ही गँवा देते हैं। ऐसे लोगों के मन की सहनशीलता

पग-पग पर टूटती रहती है।

सत्संग में रुचि लेने वाले जन के जीवन में सहनशीलता का होना एक विशेष बात होती है। उसी सहनशीलता की वजह से ही तो वे जीवन की विपत्तियों अथवा प्रतिकूल परिस्थितियों की चोटें सहकर अपने जीवन के लक्ष्य में सफल हो पाते हैं। अन्तिम समय तक सहनशील रहकर ही मनुष्य अपने जीवन के लक्ष्य में पूर्णता को प्राप्त करता है।

कबीर की पंक्तियां देखिए :

कबिरा संगत साधु की, ज्यों गंधी की बास।
जो कुछ गंधी दे नहीं, तो भी बास सुबास ॥

इसका अर्थ यह हुआ कि अच्छे लोगों की संगति ऐसी है, जैसे सुगंध बेचने वाले के इत्र की गंध होती है। गंधी यदि कुछ भी न दे, तो भी गंध सुगंध देती रहती है।

गोस्वामी तुलसीदास ने भी इस बारे में यूं बखान किया है :

तात स्वर्ग अपवर्ग सुख, धरिय तुला एक अंग।
तूल न ताहि सकल मिलि, जो सुख लव सतसंग ॥

हे तात ! स्वर्ग और मोक्ष के सुख को यदि तराजू के एक पलड़े पर रखा जाए, तो वह उस सुख के बराबर नहीं हो सकता, जो सत्संग के क्षण मात्र से प्राप्त होता है।

63

सदा ईश्वर-चिंतन करते रहें

सहनशीलता प्राप्ति के उपायों में आध्यात्मिक विषयों का भी बड़ा योगदान है। आध्यात्मिक मार्ग के साधक ईश्वर-चिंतन को बड़ा महत्त्व देते हैं। सच पूछिए तो, उसी श्रेष्ठ चिंतन की बदौलत जीवन में सहनशील रह पाते हैं। ईश्वर कौन है, कैसा है; यह जानने की जिज्ञासा प्रत्येक व्यक्ति के मस्तिष्क में उठती है, परंतु सत्संग में शामिल न होने की वजह से वह ईश्वर विषयक बातें नहीं जान पाता।

वास्तव में परमात्मा एक अलौकिक और अदृश्य शक्ति है। मनुष्यों से परमात्मा इस बात में भिन्न है कि उसका साधारण मनुष्यों की तरह पृथ्वी पर जन्म नहीं होता। न ही परमात्मा हमारी तरह बाल-युवा-वृद्ध अवस्था प्राप्त करता है। वह तो सदा जागती ज्योति है, जो पतितपावन और सर्व का सद्गतिदाता, जीवन मुक्ति दाता है।

उस सर्वोच्च शक्ति को जान लेने के बाद आदमी खुद ही सहनशील हो जाता है। दूसरी बात है अपनी अंतरात्मा को पहचानने की। जब मनुष्य को यह पता लग जाता है कि वह देह से न्यारी एक चैतन्य शक्ति है, ईश्वर की संतान अविनाशी आत्मा है, तो स्वस्वरूप में (आत्मास्थिति में) स्थित होने की वजह से उसे सहनशीलता आसानी से प्राप्त हो जाती है।

आध्यात्मिक ज्ञान का तीसरा विषय त्रिलोक को जानना है। प्रायः लोग इस पृथ्वी को ही अपना संसार मानकर चलते हैं इसलिए वे बात-बात में अपने धन वैभव

का घमंड दिखाकर खुद असहनशील बन जाते हैं जबकि सत्य यह है कि पृथ्वी की समस्त भौतिक वस्तुएँ नश्वर हैं।

इस पृथ्वी से ऊपर सूक्ष्म देवलोक भी है जहाँ ब्रह्मा, विष्णु, शंकर इत्यादि सूक्ष्म शरीरधारी देवता रहते हैं। केवल इतना ही नहीं, उस देवलोक से भी ऊपर एक तीसरा लोक भी है जो कि परमपिता परमात्मा अथवा ईश्वर का निवास स्थान है। मनुष्यों की समस्त ज्योतिस्वरूप आत्माएँ उसी मूल धाम की निवासी हैं। प्रायः व्यक्ति के दिमाग में एक प्रश्न उठता है कि वह कहाँ से इस पृथ्वी पर आया है ?

जब मनुष्य को अपनी आत्मा के लोक का मालूम पड़ जाता है तो वह शान्ति तथा सहनशीलता को प्राप्त करता है। ईश्वर के लोक को शान्ति धाम या परमधाम अथवा ब्रह्मलोक या निर्वाणधाम भी कहते हैं। मनुष्यात्मा भी उसी लोक की निवासी है। आध्यात्मिक सत् पुरुष सदैव ईश्वर के लोक की याद में रहते हैं इसलिए वे सदैव सहनशील और शांत रहते हैं। जब मनुष्य का मन ईश्वर का लोक भूलकर सांसारिक लोक, मनुष्य लोक अथवा मृत्यु लोक में लग जाता है तो वह अनेक प्रकार की बातें सुनकर शीघ्र ही अशांत व असहनशील बन जाता है। मृत्यु के समय ईश्वर के लोक की स्मृति मनुष्यात्मा को बहुत धीरज, संतोष, बल तथा सहनशीलता दिलाती है।

परमपिता सुख, शान्ति, प्रेम, ज्ञान, शक्ति, दया, करुणा, पवित्रता और आनंद के सागर हैं वे परमज्योतिस्वरूप हैं। जब हम उस स्नेह के सागर परमात्मा या ईश्वर को स्नेहपूर्वक याद करते हैं तो मन में शान्ति, शीतलता, धीरज तथा सहनशीलता की अनुभूति होती है।

प्यारे प्रभु को प्रातःकाल जल्दी उठकर याद करना चाहिए। इससे आपके मन को बहुत बल मिलेगा, जीवन में शान्ति आएगी तथा आपकी सहनशीलता की धारणा की नींव भी सुदृढ़ होगी।

ईश्वर चिंतन को प्रातःकाल या सायंकाल के समय ही करना चाहिए। बहुत से लोग सवेरे देरी से उठने के बाद आध्यात्मिक साधना करने बैठते हैं, परंतु उन्हें मानसिक शान्ति एवं सहनशीलता की पर्याप्त अनुभूति या प्राप्ति नहीं होती। न तो साधना दोपहर को और न रात को करनी चाहिए क्योंकि यह समय कर्म एवं विश्राम करने का होता है। सुबह-सुबह का वातावरण सतोप्रधान या पावन होता है।

आप ब्रह्ममुहूर्त के समय ईश्वर चिंतन या आत्मा के स्वरूप, धाम से संबंधित मौलिक विषयों का चिंतन कीजिए इससे आपकी आत्मिक शक्ति और सहनशीलता में कई गुना वृद्धि होगी। तब किसी भी छोटी या बड़ी परिस्थिति से आप विचलित नहीं होंगे और सदा गंभीर रहेंगे।

मैंने आत्मा से संबंधित मौलिक प्रश्नों की चर्चा करना इसलिए जरूरी समझा है, क्योंकि आत्मज्ञान के अभाव में भी मनुष्य कभी-कभी निराश हो जाता है तथा अपने जीवन की दिशा से भटककर निरर्थक विषयों में रुचि लेने लगता है।

कई लोग अपने आत्मा के बारे में पूरी जानकारी नहीं रखते और देह को ही सब कुछ मानते हैं इसलिए शारीरिक रोग या दुर्घटना के समय वे शीघ्र ही असहनशील हो जाते हैं। वास्तव में मनुष्य की आत्मा तो उसकी भौतिक देह का संचालन करने वाली शक्ति है जो अपने आप में ज्योतिस्वरूप, अमर-अविनाशी तथा मस्तक के मध्य विराजमान रहती है। ज्ञान का तृतीय नेत्र या दिव्य चक्षु उसी शक्ति का नाम है।

जिस व्यक्ति को उसका ज्ञान हो जाता है वह देह, भौतिक वस्तुओं तथा संसार को नश्वर मानकर जीवन में सदा सहनशील रहता है।

64

सबको अभिनेता मानकर चलें

कुछ लोग दूसरे मनुष्यों के बुरे कर्मों को देख उन्हें दोष देने लगते हैं तथा असहनशील बन जाते हैं। गलत कर्म करने वाले लोगों के प्रति उनकी आदत उन्हें कोसते रहने की बन जाती है।

यदि हम सच्चाई की राह पर चल रहे हैं, तो हम चाहते हैं कि हमारी तरह और लोग भी नेकी तथा ईमानदारी की राह पर चलें, परंतु कलियुग के भ्रष्टता भरे वातावरण में सदैव ऐसा संभव नहीं हो पाता। नाना प्रकार के कर्म-संस्कार होने की वजह से सृष्टि की मनुष्यात्माएँ अच्छे या बुरे कई प्रकार के कर्म प्रतिदिन करती रहती हैं। उनके बुरे कर्मों को देखकर हमें ज्यादा परेशान होने की आवश्यकता नहीं है।

एक कसाई का कार्य पशु का वध करके मांस प्राप्त करना होता है। धार्मिक व्यक्ति पूजा-आराधना में अपना समय बिताता है। ऐसे में यह सोचना गलत है कि कसाई धार्मिक व्यक्ति की तरह जीवनयापन क्यों नहीं करता?

कसाई ऐसे भी होंगे जो घर में सवेरे पूजा-पाठ या नमाज आदि धार्मिक कार्य में रुचि लेते हैं। पशुवध करके मांस प्राप्त करना, तो उनकी आजीविका का साधन है। केवल यह सोचकर कि वे पशुवध करके हिंसा फैला रहे हैं, उनसे घृणा करना बेकार है।

यह तो हम जान ही चुके हैं कि यह संसार एक खेल या नाटक की तरह है। जीवन मरण भी एक खेल है। यह आदमी की सच्चाई नहीं है। मनुष्यात्मा न तो मृत्यु को प्राप्त होती है और न ही वह नए सिरे से पैदा होती है।

इस विश्व के विशाल नाटक मंच में खेल या अभिनय करने वाली हम सब मनुष्यात्माएँ अभिनेता (Acters) हैं। अपने-अपने शरीर रूपी यंत्र द्वारा सब आत्माएँ नाना प्रकार के अभिनय इस जगत में करती हैं। हमें किसी के बुरे कर्म से नफ़रत कर असहनशील बनने के बजाय सबके कर्मों को साक्षी द्रष्टा बनकर देखना चाहिए। इससे हमारी सहनशीलता सदा अक्षुण्ण रहेगी।

यदि हम स्वयं को तथा सबको पार्टधारी मानेंगे तो हम किसी की भूल या गलती पर नाराज होकर अपनी सहनशीलता को कभी न खोएँगे बल्कि स्नेहभाव और धीरज रखकर दूसरों की गलतियों को भी सुधार देंगे।

65

यश प्राप्ति की अत्यधिक इच्छा न रखें

कई लोग जितना सोचते हैं उतना कर नहीं पाते। कथनी-करनी में अंतर होने की वजह से वे सदैव असंतुष्ट रहते हैं। ऐसे लोग संसार से बहुत कुछ चाहते हैं वे करते-धरते तो कुछ नहीं, केवल ख्याली पुलाव पकाते रहते हैं और जब उनकी इच्छाएँ या आशाएँ पूरी नहीं होतीं तो वे असहनशीलता और असंतुष्टता का रुख अपना लेते हैं।

यदि हमें जीवन में सदा सहनशील होकर रहना है तो हमें अपने मान-सम्मान और यश प्राप्ति की इच्छाओं को कम करना होगा। अपना मान या सम्मान पाने की इच्छा तो व्यक्ति को कभी करनी ही नहीं चाहिए। जो लोग ऐसी इच्छा रखते हैं उनका मान दुनिया में कोई नहीं करता। आदर हमेशा उस व्यक्ति को मिलता है, जो आदर पाने की चाह न रख दूसरों को आदर देता है।

मनुष्य को सच्चा यश उसके सत्कर्मों से प्राप्त होता है अतः झूठे यश की प्रशंसा अथवा वाहवाही पाने से अच्छा है कि हम कोई अच्छा कर्म करें या नेक कार्यों में रुचि लें। जो लोग अपने सुकर्मों द्वारा समाज को लाभ पहुँचाते हैं, उनका यश स्वतः ही बढ़ता है। ऐसे लोग यश प्राप्ति की इच्छा न करते हुए भी संसार में यश प्राप्त करते हैं।

जिस मानव से जितने लोगों का भला होता है या उनको आत्मबल मिलता है, उतना ही यश उसे प्राप्त होता है। यदि हम यश प्राप्ति की इच्छा में हैं, तो हमें खुद से पूछना चाहिए कि हम समाज के कितने लोगों का भला कर रहे हैं ?

सहनशीलता के क्षेत्र में यश प्राप्ति की इच्छा एक बहुत बड़ी बाधा है। यह व्यक्ति की आत्मोन्नति तथा जीवन की सच्ची प्रगति में रुकावट डालती है।

सच पूछिए तो सहनशील मानव को इस संबंध में कुछ विचार ही नहीं करना चाहिए। हमारे मन में जितना अच्छी बातों का चिंतन चलेगा, उतना हमारी अवस्था परिपक्व होगी। अनेक प्रकार की इच्छाओं की कामना करना व्यक्ति की कमजोरी की निशानी है, अज्ञानता है।

66

कभी व्यग्र एवं उत्तेजित न हों

मनुष्य अपनी नासमझी के कारण जरा-जरा सी बात पर व्यग्र एवं उत्तेजित हो जाता है। सहनशीलता की सीमाएँ इस बात के कारण जल्दी ही टूट जाया करती हैं। व्यग्रता या व्याकुलता से बचने के लिए हमें बहुत धीरज से काम लेना होगा। जरा-सी बात पर उत्तेजित होने से मनुष्य की मानसिक शक्तियाँ क्षीण हो जाया करती हैं। सहनशीलता एक प्रकार का तप है, साधना है। इस साधना को वही व्यक्ति कर पाता है, जो बहुत शांत और उदार किस्म का होता है। जिसमें कि स्वभाव में धैर्य और मनोबल होता है।

यदि आपको किसी ने गाली दी है, तो आप गाली का जवाब गाली से मत दीजिए। ईंट का जबाब ईंट से या पत्थर से देना अज्ञानता है। आप मुसीबत के ऐसे समय सहनशीलता को हथियार समझकर प्रयोग कीजिए। यदि आप पर किसी ने कटु शब्दों के पत्थर बरसाए हों, तो आप उस पर फूल बरसाइए अर्थात् उसकी प्रशंसा कीजिए। व्यग्रता जल्दबाजी में लिया गया फैसला है। किसी प्रकार की मानसिक उलझन या व्यक्तिगत कमजोरी होने की वजह से मनुष्य के अंदर शीघ्र व्यग्र होने का स्वभाव आ जाता है।

मानसिक उत्तेजना से पूर्व व्यक्ति के मन में आवेश का जन्म होता है। यह आवेश अल्पकाल तक रहने के कारण उत्तेजना का रूप और बहुत काल तक रहने के कारण मानसिक तनाव का रूप ले लेता है। उत्तेजना क्षणिक भी हो सकती है, वह शीघ्र ही समाप्त भी हो सकती है, किन्तु मानसिक तनाव व्यक्ति के दिमाग़ में थोड़ी देर तक टिकता है तथा वह काफी समय बाद शांत होता है।

मानसिक उत्तेजना और व्यग्रता में व्यक्ति कभी-कभी गलत कार्य का फैसला भी ले लेता है, जिसके कारण उसे जीवन में हानि उठानी पड़ती है। सहनशीलता का गुण अपनाकर इस प्रकार की समस्याओं से बड़ी आसानी के साथ निपटा जा सकता है। सहनशीलता अपने मन के साथ किया गया एक समझौता है, जिसके फलस्वरूप व्यक्ति को मानसिक शान्ति तथा संतोष की प्राप्ति होती है।

67

मानसिक तनावों को दूर भगाएं

व्यक्ति का मानसिक तनाव भी कभी-कभी सहनशीलता की सीमाओं को परखने वाला बन जाता है। जब कोई आदमी तनाव की हालत में होता है तो वह मानसिक रूप से परेशान और असहाय होता है। तनाव शारीरिक या मानसिक थकावट के कारण भी आ सकता है और अंतर्द्वन्द्वों से भी तनाव की उत्पत्ति हो सकती है। तनाव के कुछ कारण ऐसे होते हैं, जिन्हें आदमी स्वयं पैदा करता है, न कि किसी के माध्यम से वे आते हैं। मनुष्य की कई कमजोरियाँ ही उसे तनाव के भँवर जाल में फँसा देती हैं। बाह्य परिस्थितियाँ भी तनाव का कारण बन जाती हैं।

तनाव अपने आप में एक बहुत बड़ी समस्या है। यदि हम सदैव तनाव की ही हालत में रहेंगे तो हमारी सहनशीलता दुर्बल पड़ती जाएगी। अत्यधिक तनाव भी कभी-कभी मनुष्य की आत्महत्या या उसकी मृत्यु का कारण बनता है। जब आदमी तनाव से परेशान हो जाता है, तो वह शराब, सिगरेट या अन्य नशीले पदार्थों का सेवन करने लगता है। इन द्रव्यों से आदमी को क्षणिक समय के लिए दैहिक सुख मिलता है परंतु बाद में इन कुव्यसनों के गंभीर परिणाम दिखाई देने लगते हैं। नशीले पदार्थों का सेवन करने वाला व्यक्ति शारीरिक और मानसिक रूप से बहुत कमजोर हो जाता है, वह नैतिक पतन को प्राप्त होता है।

विभिन्न प्रकार के उपायों से आप तनाव से बचकर अपनी सहनशीलता बढ़ा सकते हैं। जो व्यक्ति तनाव से हमेशा दूर रहता है उसका मन अत्यंत शांत, हृदय उदार व शीतल, व्यवहार मधुर तथा विनम्र होता है। ऐसे लोग सहनशीलता के सच्चे उपासक होते हैं।

मानसिक तनाव दूर करने के लिए सबसे पहले तनाव आने के कारणों का पता लगाना चाहिए। जब हम तनाव के कारणों का निराकरण करेंगे तभी हम सदा तनाव से मुक्त एवं प्रसन्नचित्त रह सकेंगे। तनाव एक प्रकार की मानसिक कमजोरी है, जो मनुष्य की सहनशीलता का बल घटाती है। यह किसी प्रकार का शारीरिक रोग नहीं है। यदि मनुष्य अपने विचारों को शांत, समर्थ, उदार तथा स्नेह युक्त बना ले तो मानसिक तनाव या किसी भी प्रकार के तनाव से बहुत आसानी से छुटकारा पा सकता है।

68

हिम्मत के साथ जीवन का सफर तय करें

सहनशील व्यक्ति सदैव हिम्मतवान होता है। केवल अपने प्रति ही नहीं बल्कि वह दूसरों के जीवन का उमंग-उत्साह बढ़ाता रहता है।

जिन्दगी एक सफर या यात्रा का नाम है। इस भौतिक संसार में आए हुए हम सब मुसाफिर ही तो हैं। जिस प्रकार एक पथिक को रास्ते की अनेक सारी कठिनाइयों का सामना करते हुए अपनी मंजिल का सफ़र तय करना होता है उसी प्रकार हमें भी बहुत धैर्य और हिम्मत रखकर जीवन का सफ़र तय करना चाहिए।

हो सकता है अनेक सारी परिस्थितियाँ प्रतिकूल रूप में आपकी सहनशीलता की परीक्षा लेने आएँ परंतु आप उनसे तनिक न घबराइएगा। जो व्यक्ति परिस्थिति को 'पहाड़' समझ लेता है वह कभी भी उसका सामना नहीं कर सकता परंतु जो उसे 'खेल' समझता है उसके लिए पहाड़ जैसी सघन परिस्थिति भी रूई जैसी सरल और हलकी बन जाती है।

जीवन के सफ़र में कभी अपने आपको अकेला न समझिए। यदि और कोई आपके साथ नहीं है तो ईश्वर आपका मददगार साथी है। आप प्रभु को अपना हमराही समझकर चलेंगे तो आपकी जिंदगी का सफ़र बड़ी आसानी से कट जाएगा।

जीवन के सफर में आप हिम्मत और सहनशीलता के साथ कदम बढ़ाते हुए निम्नलिखित पंक्ति को याद रखिए– हिम्मते मर्दां मदद ए खुदा।

अर्थात् जो व्यक्ति हिम्मत का दामन नहीं छोड़ता, उसकी मदद खुदा या ईश्वर करता है।

69

नींव की ईट से शिक्षा लें

सहनशीलता की शिक्षा हमें प्रकृति की हर छोटी से छोटी चीज से मिल सकती है। उदाहरण के तौर पर नींव की ईंट या पत्थर को ही ले लीजिए, जिसके आधार पर आलीशान बहुमंजिला भवन खड़ा होता है। वह नींव का पत्थर सचमुच कितना दबाव सहन करता है ! वर्षों तक भवन का बोझ सहने के बाद भी वह कभी उफ़ तक नहीं करता। जबकि आजकल आदमी थोड़ी सी बात सहन करने के बाद परेशान होने लगता है।

नींव की ईंट हमें बहुत कुछ सिखाती है। सिक्ख धर्म की स्थापना में गुरुओं द्वारा किए गए त्याग के महत्त्व को कौन नहीं जानता ? आज हम राष्ट्र की जिस 'आज़ादी' का उपभोग कर रहे हैं, उसे प्राप्त करने के लिए न जाने कितने ही भारतवासियों को अपने प्राणों की बलि देनी पड़ी। वे सब सचमुच नींव की ईंट थे, जिनके सहारे आज आज़ादी का भवन खड़ा हुआ है।

संसार में प्रत्येक मनुष्य कर्म करने को उत्पन्न हुआ है। आदान-प्रदान एक ऐसा सत्य है, जिसके बिना काम नहीं चलता। आप यदि किसी से कुछ प्राप्त करना चाहते हैं, तो बदले में उसे कुछ देना ही है। तभी तो कहते हैं, कुछ पाने के लिए कुछ खोना पड़ता है। इस खोने में ही सहनशीलता का भाव छिपा है। अपने अहम और इच्छाओं का त्याग किए बिना हम नींव की ईंट के समान नहीं बन सकते हैं।

नींव की ईंट जैसा सहनशील व्यक्तित्व वाला आदमी किसी से कुछ पाने की आशा नहीं रखता। वह तो केवल अपना सर्वस्व परहितार्थ त्याग करना चाहता है। दूसरों के सुख के लिए वह अपनी रातों की नींद तथा दिन का चैन भी कठोर परिश्रम में गँवा देता है। आज के समय में भी आपको समाज में ऐसे त्यागी सहनशील पुरुष मिल जाएँगे।

70

किसान एवं मजदूर से भी सीखें

एक किसान समय की धूप-गर्मी सहकर अपने खेतों में मेहनत करता है। कभी-कभी ठीक समय पर बरसात न पड़ने से या ज़्यादा पाला पड़ने से फ़सल नष्ट भी हो जाती है। कई बार फ़सल में रोग भी लग जाता है जिससे पैदावर अत्यंत कम होती है। इतना सब कुछ होते हुए भी सहनशील किसान यह सोचकर संतोष धारण कर लेता है कि अगली बार फ़सल अच्छी होगी।

विश्व में केवल किसान ही ऐसा प्राणी है, जो अपनी मेहनत की असफलता यानी फसल नष्ट होना, देखकर भी नहीं घबराता और भविष्य के लिए नई उम्मीद लेकर जीता है। भारत में अनेक ग़रीब किसान ऐसे हैं। हम किसी भी किसान की संघर्षमय ज़िन्दगी का अवलोकन कर उससे सहनशीलता की शिक्षा ग्रहण कर सकते हैं। दूसरी तरफ एक मेहनतकश मजदूर भी प्रतिकूल समय की बहुत चोटों को सहन करता है। सारे दिन कठोर श्रम करने के बाद यद्यपि उसे मेहनत का पूरा धन नहीं मिलता तथापि वह इसकी परवाह न कर खुशी-खुशी शाम को अपने घर जाता है और सूखी रोटी, चटनी या मिर्च, गुड़ के साथ खाकर आनंदपूर्वक सोता है।

गर्मियों के मौसम में नंगे सिर नंगे पैर कार्य करने में मजदूरों को बहुत दिक्कत आती है, परंतु धन प्राप्ति की इच्छा या अपने परिवार के भरण-पोषण का ख़्याल करके वे उस कष्ट को भी बड़ी आसानी से सह लेते हैं।

जहाँ कहीं से प्राप्ति की आशा रहती है वहाँ आदमी कठिनाइयों को हँसते-हँसते सह लेता है। कर्मयोगी पुरुष कर्म करते हुए भी ईश्वर के ध्यान में रहते हैं क्योंकि ईश्वर से उन्हें संतोष, शान्ति, स्नेह, अलौकिक सुख एवं आनंद का सूक्ष्म अविनाशी धन प्राप्त होता रहता है। इस कारण कर्म की कठिनाइयाँ उन्हें कठिनाइयाँ नहीं लगतीं। कर्म करते हुए भी उनकी अवस्था उपराम ही होती है।

हर कोई साधारण आदमी तो ऐसा जीवन नहीं बिता सकता, परंतु यदि हम ईश्वर को सब कुछ मानकर कर्म करें, तो हम कर्म के अनेक प्रकार के बोझों से अवश्य मुक्त रह सकते हैं।

यदि हमें अपने सांसारिक कार्यों के अंदर सहनशीलता का अभाव लगे, तो हम किसान एवं मजदूर के सहनशील जीवन को देखकर पुनः उत्साहपूर्वक अपने कार्य में लग जाएँ।

71
चोट सहकर भी पूज्य बनें

क्या आपने कभी सोचा है कि मंदिर की देव प्रतिमा का निर्माण कैसे हुआ ? सर्वप्रथम पत्थर को चट्टान से काटा जाता है। इसके बाद शिल्पकार उस पत्थर को लगातार छेनी हथौड़े से ठोकता-तराशता-काटता-छाँटता है। हथौड़े और छेनी की हजारों चोटें सहने के बाद ही पत्थर मूर्ति के आकार में ढल पाता है। अगर वह लोहे के छेनी-हथौड़े की चोट सहन नहीं करे, चोट लगते ही टूट-टूट कर बिखर जाए तो वह कभी पूज्य देव मूर्ति नहीं बन सकेगा। एक बार देवमूर्ति के रूप में ढल जाने के बाद उसे बड़े आदर भाव से मंदिर में स्थापित किया जाता है, प्रतिदिन सुबह-शाम उसकी वन्दना पूजा आराधना की जाती है।

सहनशीलता का पाठ हमें महान् मानव बनना सिखाता है। प्रतिदिवस प्रतिकूल परिस्थितियों की कठोर चोटें सहते हुए जब हम सहनशीलता की देव समान मूरत बन जाते हैं, तो लोगों की महिमा वन्दना-प्रशंसा के पात्र हो जाते हैं। हमारा आदर्श जीवन सबको प्रेरणा देने वाला बन जाता है।

क्या आपने सोचा है कि मंदिरों में पूजा के लिए रखे जाने वाले 'शालिग्राम' कैसे बनते हैं ? पर्वत-नदियों से पहाड़ों के छोटे-छोटे टुकड़े बह-बह कर जब घिसते हुए आते हैं तो वे शालिग्राम का अंडाकार रूप ले लेते हैं। सहनशक्ति के कारण छोटा सा पत्थर शालिग्राम बन गया और मंदिर में पूजित हो सबकी श्रद्धा का पात्र बन गया।

सहनशीलता का गुण हमें लोहे और पत्थर जैसी कठोर धातुओं से सीखने को मिलता है। यदि हम प्रत्येक वस्तु से गुण ग्रहण करना सीख जाएँ तो संसार की कोई भी चीज हमें निरर्थक नहीं लगेगी।

जो लोग प्रतिकूल परिस्थिति में स्वयं को समय के अनुसार ढाल लेते हैं वे समय के अखंड प्रवाह में सहनशीलता के साथ बहते-बहते एक दिन पूज्य शालिग्राम बन जाते हैं। ऐसे ही अत्यंत विशिष्ट लोगों को महापुरुष कहा जाता है।

घरों में ठंडे पानी के लिए रखा जाने वाला घड़ा या मटका सहनशीलता के कठिन दौर से गुजर कर ही पानी को एकत्रित एवं शीतल कर पाता है। आरंभ में तो वह साधारण मिट्टी ही होता है, फिर कुम्हार के बेलन की थाप सहकर, चक्र पर गोल-गोल घूमकर और अग्नि में पककर ही परिपक्वता को पाता है।

72

किसी को देखकर जलें नहीं

इस संसार में हर आदमी की अपनी-अपनी क्षमताएँ तथा विशेषताएँ हैं इसलिए किसी के जीवन से ईर्ष्या नहीं की जा सकती। अगर कोई आदमी किसी से जलन या ईर्ष्या रखता है तो यह उसकी अज्ञानता है।

सहनशील व्यक्ति सदैव अपने व्यक्तित्व की सीमाओं के अंदर संतुष्ट रहता है। उसे दूसरों की शक्ति देखकर जलन नहीं होती बल्कि अपनी क्षमता देखकर खुशी होती है। विभिन्न प्रकार के सद्कार्य की युक्तियों से वह अपनी शक्ति सामर्थ्य बढ़ाकर स्वयं को प्रसन्न रखता है तथा जीवन के क्षेत्र में उन्नति को प्राप्त करता है।

आमतौर से होने वाली दुनियावी प्रतियोगिताओं में सभी तरह के प्रतियोगी या खिलाड़ी होते हैं। किसी की प्रतियोगिता बौद्धिक तो किसी की शारीरिक प्रकार की होती है। प्रतियोगियों के अंदर द्वेषभाव समान परिस्थिति में उत्पन्न होता है। अलग-अलग क्षेत्र के लोग आपस में ईर्ष्या नहीं रख सकते क्योंकि उनकी कार्य शैली, ज़रूरतें तथा स्थितियाँ भिन्न-भिन्न प्रकार की होती हैं। एक फुटबाल का खिलाड़ी क्रिकेट के खिलाड़ी से कैसे ईर्ष्या रख सकता है ? पुलिस के इम्तिहान में बैठने वाला छात्र शिक्षक के इम्तिहान में बैठने वाले छात्र से कैसे ईर्ष्या रख सकता है।

मनुष्य का जीवन एक संपूर्ण प्रतियोगिता है। उन्नति को प्राप्त करना जीवन की एक दौड़ है। हर कोई आदमी इसी दौड़ में शामिल है। कोई धन प्राप्ति की आशा में, कोई पद-प्रतिष्ठा प्राप्ति की आशा में जीवन की दौड़ में शामिल है।

जीवन की दौड़ में, उन्नति शिखर की ओर आप अवश्य दौड़िए लेकिन एक दूसरे से ईर्ष्याभाव रखकर नहीं। आगे दौड़ते हुए हम किसी को नीचे गिराने की कोशिश न करें। न किसी को जबरदस्ती दबाकर या किसी का शोषण करके आगे निकलकर जाएँ। इससे हमारा कभी भला न हो सकेगा। आप अपने जीवन में बड़े ही सहनशील होकर कदम बढ़ाइए तथा शान्तिपूर्वक अपने जीवन की मंजिल का सफर तय कीजिए। इसके अलावा जीवन में शीघ्र उन्नति पाने का कोई उपाय नहीं है। यह अत्यंत खेद की बात है कि मनुष्य अपने स्वार्थ की पूर्ति में इस कदर लगा हुआ है कि वह दूसरे के जीवन का अहित करके भी लाभ प्राप्त करना चाहता है। ऐसे लोग ज़िन्दगी में सहनशीलता के तपशाली अध्याय को कैसे समझ सकते हैं ?

73

सदा सबको आगे बढ़ाना सीखें

कुछ लोगों की आदत होती है कि वे दूसरों के जीवन की उन्नति देखकर जलने लगते हैं। ऐसे व्यक्ति अपने-आपमें कभी संतुष्ट नहीं हो पाते और न ही सहनशील हो पाते हैं।

जिस प्रकार दूसरों को मान देने वाला व्यक्ति समाज में सदा आदर पाता है उसी प्रकार दूसरों को आगे बढ़ता देख खुश होने वाला व्यक्ति या दूसरों को उमंग उत्साहपूर्वक आगे बढ़ाने वाला व्यक्ति भी सदैव जीवन की उन्नति को प्राप्त करता रहता है।

जब हम किसी के साथ भला करते हैं तो उसकी दुआएँ हमें प्राप्त होती हैं। दुआओं की शक्ति मनुष्य को जीवन में ऊँचा उठाती है तथा उसके पथ की हर बाधा दूर करती है।

सहनशील व्यक्ति केवल अपनी व्यक्तिगत प्रगति ही नहीं चाहता, बल्कि वह समाज के अन्य लोगों को भी ऊपर उठता हुआ देखना चाहता है। सच्चे सहनशील व्यक्ति की यही निशानी है। जो मनुष्य केवल अपनी ही उन्नति या स्वार्थ देखता है वह कभी सच्चा सहनशील नहीं हो सकता।

समाज के हितकारी महापुरुष 'वसुधैव कुटुम्बकम्' की भावना फैलाते हुए जीवन का सफ़र तय करते हैं। वे काँटों के मार्ग में असहाय पड़े दुखी मनुष्यों को उठाकर गले से लगाते हुए चलते हैं। धूल भरे पथ में जो राहगीर उन्हें सबसे कमजोर जान पड़ता है वे उसे सहारा देकर जीवन पथ में आगे बढ़ाते हैं।

हमें सहनशील बन समाज के अज्ञान-अंधकार में भटक रहे लोगों को जीवन का सही रास्ता दिखाना चाहिए। यदि आप ज्ञानी हैं, तो ज्ञान का उपयोग कर, योगी हैं, तो अपनी योग शक्ति के प्रभाव से तथा समाज सेवक हैं, तो अपनी सेवा के बल से समाज के पथ भ्रष्ट लोगों को जीवन उन्नति का सच्चा मार्ग दर्शाइए। हो सकता है, इस कार्य में आपको समाज के लोगों की गाली, कटु शब्द या उपेक्षा भी सहनी पड़े, किन्तु आप अपने परोपकार से एक पैर भी पीछे न हटाइए। ईश्वर आपकी मदद करेगा। आप हिम्मत रखिए। गिरे हुए को आप उठाइए, उसकी मदद कीजिए। इससे आप उनकी दुआ एवं आशीर्वाद पाने के पात्र बन सकेंगे। दुआओं का यह बल आपकी सहनशीलता को जीवन में कभी कम नहीं होने देगा।

74

दर-दर भटकने से बचें

धर्म, राजनीति, समाज, शिक्षा आदि अनेक क्षेत्रों की ओर आज का मानव भटक रहा है जिससे उसके अंतर्मन की सहनशीलता कमज़ोर होती जा रही है। जब हम धर्म के विषय में विचार करते हैं तो नाना प्रकार के संप्रदाय, मत, मान्यताएँ हमें इस क्षेत्र में दिखाई देती हैं। परमात्मा के संबंध में भी विभिन्न प्रकार के विचार लोग रखते हैं। चूँकि वह अदृश्य परमसत्ता है इसलिए अपने-अपने दृष्टिकोणों से लोग उसके संबंध में अनुमान लगाया करते हैं।

इसी प्रकार इस जगत के अस्तित्व को लेकर कई तरह के विचार लोगों में व्याप्त हैं। कोई जगत को सत्य, कोई स्वप्न तो कोई मिथ्या मानता है। अनेक प्रकार की धार्मिक पुस्तकों में ईश्वर तक पहुँचने के लिए अलग-अलग रास्ते हैं।

वर्तमान समय की राजनीति को कौन नहीं जानता। राजनीति, धर्म, शिक्षा इत्यादि सभी क्षेत्रों में आज भ्रष्टाचार पनप रहा है और मनुष्य अपने स्वार्थ में अंधा होकर भले-बुरे की पहचान करने में स्वयं को असमर्थ पा रहा है।

सामने दिखाई देने वाले अनेक रास्तों को देखकर व्यक्ति यह सोचकर उलझन में फँस जाता है कि वह किस रास्ते पर चले ? कौन सा रास्ता उसे जीवन की सही दिशा दे सकता है।

अज्ञान के फलस्वरूप अनेक मनुष्यात्माएँ हमें इस जगत में भटकती हुई दिखाई देती हैं। बुराई और कुसंग के चंगुल में फँसने के कारण आज आदमी अपने जीवन की सही दिशा से भटककर पतन को प्राप्त हो रहा है।

जब व्यक्ति दो नाव या वाहनों में पैर रखकर सवारी करता है तो उसकी बड़ी बुरी हालत होती है। इधर-उधर भटककर अपना समय, शक्ति, श्वॉस, संकल्प नष्ट करने की बजाय हमें जीवन की एक सच्ची दिशा को अपनाना चाहिए तथा अत्यंत सहनशीलता और आत्मविश्वास के साथ जीवन का सफर तय करना चाहिए।

भगवान को पाने के लिए आज मनुष्य कितना भटक रहा है। यदि वह इधर-उधर न भटककर अपने घर या मनमन्दिर में बैठकर सच्चे मन से प्रभु को याद करे तो उसे ईश्वर से सर्व प्राप्तियाँ प्राप्त हो सकती हैं।

सुख शान्ति पाने के लिए हमें जगह-जगह फिरने की आवश्यकता नहीं। सच्ची शान्ति तो मनुष्य की आत्मा के अंदर ही स्थित है। आत्मा का स्वधर्म ही शान्ति है। इस संबंध में मुझे एक कहानी याद आती है। एक बार किसी सेठानी ने अपने घर तथा मोहल्ले में यह हल्ला मचवा दिया कि उसका सोने का हार चोरी हो गया है जबकि सच बात यह थी कि हार उसके गले में पड़ा था, किन्तु उसे शीशे में

अपनी सूरत देखने की फुर्सत नहीं थी।

सेठजी ने अपनी धर्मपत्नी का हार ढुँढ़वाने के लिए दूकान से अपने नौकरों को बुलाया तथा सब ओर हार की खोजबीन कराई गई। उस दिन हार कहीं न मिला। अगले दिन सेठानी अपना श्रृंगार करने दर्पण के सामने बैठी तो उसे गले में पड़ा हुआ वह हार दिखाई दे गया। बस, वह खुशी से नाच उठी और, 'हार मिल गया, हार मिल गया !' के गीत गाने लगी। बाद में अब सेठ जी को सारी बात पता चली, तो उन्होंने पत्नी को समझाया, "भगवान! हार खोया ही कहाँ था। हार तो तेरे गले में पड़ा हुआ था…।"

ठीक इसी तरह शान्ति रूपी हार की प्राप्ति के लिए आदमी जगह-जगह जाकर मनौतियाँ मनाता है, प्रसाद चढ़ाता है, दक्षिणा देता है, आशीर्वाद लेता है, परंतु मन की स्थायी शान्ति उसे कहीं भी नहीं मिल पाती।

शान्ति के लिए हमें सचमुच कहीं भटकने की आवश्यकता नहीं है। शान्ति, जैसा कि मैंने पूर्व में बताया, हमारी आत्मा में ही निहित है। एकाग्रता, मौन, एकांत, आत्मचिंतन तथा प्रभुचिंतन के जरिए उसे प्राप्त किया जा सकता है।

शान्ति प्राप्त होने पर मनुष्य अपने आप सहनशील हो जाता है तथा सभी प्रकार के भटकावों से मुक्त हो जाता है।

75

क्रोधी व्यक्ति के ऊपर दयाभाव रखिए

मनुष्य का स्वभाव कब गरम और कब ठंडा हो जाए, कुछ कहा नहीं जा सकता। क्रोध करते समय मनुष्य का स्वभाव गरम रहता है। क्रोधी मनुष्य लाचार होता है। क्रोध जैसे विकार के वशीभूत होकर वह जो मन में आया, सो कहने या बकने लगता है तथा उलटा सीधा काम करने लगता है।

शास्त्रों में क्रोध को विकार माना गया है। गीता में क्रोध को मनुष्य का शत्रु बताया गया है। क्रोध से विवेक का हरण होता है। चूँकि क्रोध करने वाला व्यक्ति दूसरों से पहले स्वयं अपने जीवन में हानि पहुँचाता है इसलिए क्रोधी को हमें बहुत दयाभाव से देखना चाहिए। ऐसी बात नहीं कि क्रोधी अक्षम्य है। उसे दया की भावना से क्षमा किया जा सकता है। यदि आप क्रोधी व्यक्ति के प्रति क्षमा भाव रखेंगे, तो आप सहनशील कहलाए जाएँगे।

क्रोधी व्यक्ति के साथ क्रोध करने से क्रोध कम नहीं होता, बल्कि और बढ़ता ही है। इसलिए क्रोधी का क्रोध शांत करने के लिए उसके साथ बहुत नम्रता का व्यवहार करना चाहिए। उसे आदर देने या प्रेम के वचन बोलने से हो सकता है, उसका क्रोध चला जाए। यदि आप सहनशीलता को अपने जीवन की सर्वश्रेष्ठ पूँजी मानकर चलते हैं तो क्रोधी व्यक्ति कभी आपका अहित नहीं कर सकता, क्योंकि क्रोधी आदमी तो स्वयं कमज़ोर होता है। सहनशील व्यक्ति बहादुर होता है। कमज़ोर आदमी बहादुर का मुकाबला कैसे कर सकता है ?

मानव आज जगह-जगह जानवरों की तरह लड़ते हुए दिखाई देते हैं। इसका कारण उनमें सहनशीलता की कमी का होना है। यदि व्यक्ति अपने आप में सुखी तथा संतुष्ट रहे, तो वह कभी भी क्रोध की ज्वाला में जलकर अपना अहित नहीं कर सकता। यदि कोई व्यक्ति क्रोध में आकर उपद्रव मचाता है, तो सहनशील व्यक्ति को चाहिए कि वह दया भावना से उसको क्षमा कर दे।

76

मनोभावों को पढ़ने से क्या फायदा ?

इस संसार में सैकड़ों प्रकार के विचारों वाले लोग हैं। सबके विचार अपने-अपने हैं। हमारे आसपास रहने वाले या हमारे संपर्क में आने वाले लोगों में बहुतों के विचार दूषित प्रकार के हो सकते हैं। उनकी मनोभावनाएँ बहुत मैली या गंदी हो सकती हैं। प्रत्येक व्यक्ति अपने मन में जो विचार रखता है, वह उसके चेहरे के हावभाव से दिखाई देते हैं। कई व्यक्तियों की आदत चेहरा देखकर मनोभावों को जानने की होती है। हकीकत में इंसान अपने आत्मिक स्वरूप या वास्तविक रूप में बुरा नहीं है परंतु जब अनेक प्रकार की बुराइयाँ या मनोविकार उसके अंदर आ जाते हैं, तब वह बुरा बन जाता है।

तब भी, हमें मनुष्य के अवगुणों की ओर नहीं देखना चाहिए। यदि हम किसी के अंदर कमी ढूँढ़ने की कोशिश करेंगे, तो वह कमी उसकी न होकर हमारी हो जाएगी। अंग्रेजी में थॉट रीडर (Thought Reader) उन्हें कहा जाता है, जो मनुष्य के चेहरे की रेखाएँ देखकर उसके विचार या थॉट जान लेते हैं। ऐसे व्यक्ति प्रायः मनोवैज्ञानिक (साईकैटिस्ट) ही होते हैं।

इस आदत को हमें अपने अंदर ज़्यादा नहीं पालना चाहिए। कारण यह है कि गलत आदमी के चेहरे के विचार पढ़कर हमें उस पर गुस्सा या आवेश आ सकता है। यदि वह आदमी किसी की हत्या करके आया है, तो हम उससे भयभीत होंगे। इससे हमारी सहनशीलता में कमी आ सकती है।

समझदारी तो इसमें है कि जो व्यक्ति जैसा है, जिस हालत में है, उसे ईश्वर की संतान समझ उसके हाल पर छोड़ देना चाहिए। यदि हम उसका हित न कर सके, तो उसका किसी प्रकार से अहित भी नहीं करना चाहिए। हमारी महानता इसी में है कि हम उसे अपने श्रेष्ठसंग से सुधारने का प्रयास करें। यदि वह न सुधरे, तो उसके पीछे ज़्यादा न पड़कर उसे ईश्वर के भरोसे छोड़ देना चाहिए।

यदि आप अपने अंतर्मन की सहनशीलता बरकरार रखना चाहते हैं, तो अपने जीवन में किसी के चेहरे से उसकी मनोभावनाएँ मत पहचानिए, क्योंकि गलत भावना उसके अंदर होने से आपको दुःख होगा। इसलिए सबसे अच्छा यही है कि आप प्रत्येक मनुष्य के अंदर अच्छाइयाँ ढूँढ़ने का प्रयत्न करें।

77

अनुचित कर्म कोई भी न करें

ज्ञान के अभाव में व्यक्ति उचित-अनुचित का ख्याल न कर गलत कर्म भी कर लेता है। इससे उसके मन का संतोष, धीरज तथा सहनशीलता भी समाप्त हो जाती है।

मनुष्य के कर्मों की गति (चाल) बड़ी गहन (गहरी) है। इस गुह्यगति को केवल ज्ञानी व्यक्ति ही जान पाता है। साधारण व्यक्ति के लिए तो केवल इतना ही काफी है कि उसे बुरा कर्म करने से बचना चाहिए तथा अच्छे कर्मों की ओर ध्यान देना चाहिए।

अनुचित कर्म करने में मनुष्य का दिल घबराता है। कोई भी गलत काम करने की अनुमति मनुष्य की आत्मा उसे नहीं देती परंतु आदमी अपनी अंतरात्मा की आवाज़ दबाकर वह गलत काम कर डालता है जिसका उसे बहुत बुरा परिणाम भुगतना पड़ता है। सहनशीलता की सीमाएँ टूटने के अनेक कारणों में एक कारण यह भी है। आदमी को हर काम बहुत सोच समझकर करना चाहिए।

अच्छे कर्म मनुष्य की सहनशक्ति बढ़ाते हैं, जबकि बुरे कर्म सहनशक्ति को कम कर देते हैं। मानसिक असंतुलन उत्पन्न करते हैं। हत्या करने के बाद जब आदमी पुलिस के सामने पड़ जाता है तो वह डर के मारे भागने लगता है, क्योंकि सहनशक्ति न होने की वजह से वह परिस्थिति का सामना नहीं कर पाता।

सच्चाई के लिए बहुत सारे महापुरुषों ने अपने जीवन की बलि दी। राष्ट्र की स्वतंत्रता के लिए अनेक देश-भक्त लोग हँसते-हँसते फाँसी के फंदे पर लटक गए।

हमें सदा ऐसे कार्य करने चाहिए, जिससे समाज का भला हो। इस प्रकार के उचित कर्मों से हम अपनी सहनशीलता को सदैव जीवित बनाये रख सकते हैं।

सहनशीलता मनुष्य की आत्मा के अंदर होती है। यह ईश्वर की ओर से भी प्राप्त की जा सकती है। जो लोग परोपकार के कार्य करते हैं, ईश्वर उन्हें सहनशीलता की असीम शक्ति प्रदान करता है जबकि अनुचित कर्म करने वाले लोग अपनी सहनशक्ति गँवा बैठने के कारण कभी भी ईश्वर के विश्वास पात्र नहीं बन पाते। उनका मन सदा ही खाली और उदास रहता है। अपने किए हुए गलत कर्मों के परिणामस्वरूप उन्हें अंत में पछताना पड़ता है।

78

सादगी से जीवन जीना सीखें

जितना हो सके, हम अपने जीवन को बहुत सादगी तथा सच्चाई के साथ बिताना सीखें । सादगीपूर्ण जीवन में सहनशक्ति अनिवार्य रूप से आती है । इस सिद्धांत का पालन करके हम अपने जीवन की सहन शीलता को बहुत आगे बढ़ा सकते हैं । सादगीपूर्ण ढंग से जीवन बिताने वाले व्यक्ति में और फैशनेबल (Fashionable) ढंग से जीवन बिताने वाले व्यक्ति के जीवनादर्श और विचारों में बहुत फर्क होता है । सादगीपूर्ण व्यक्ति के विचार यथार्थ के ठोस धरातल पर टिके होते हैं जबकि फैशनेबल या बनावटी ढंग से जीवन व्यतीत करने वाला व्यक्ति रेत के ढेर पर अपने विचार और जीवन सिद्धांत की इमारत खड़ी करने की कोशिश करता है ।

सादगी में अपनी एक मौलिक सच्चाई हुआ करती है । सादगी पसंद व्यक्ति कभी भी व्यर्थ की बातों की डींग नहीं हाँकता । वह केवल उसी बात को कहता है, जिसे करना चाहता है । उसकी कथनी-करनी में प्रायः एकता देखने में आती है ।

सहनशीलता के साथ सादगी का अध्याय बहुत गहरे रूप से जुड़ा हुआ है । बिना सादगी के सहनशीलता अधूरी चीज़ है । सादगी के न होते हुए अगर कोई व्यक्ति सहनशील होने का ढोंग करता है, तो समझना चाहिए कि उसकी सहनशीलता अधिक समय तक न टिक सकेगी ।

गांधीजी ने सदैव सादगीपूर्ण ढंग से जीवन बिताने को महत्त्व दिया था । आज तक जितने भी महापुरुष दुनिया में हुए हैं, सबने सादगी पर ज़ोर दिया है । सादगी में पलकर ही व्यक्ति की सहनशीलता हमेशा के लिए सुरक्षित रह सकती है तथा वह महानता को प्राप्त कर सकता है ।

सादगी यह नहीं कहती कि हम सदा निर्धन बने रहें, झोंपड़ी में रहें, सूखी रोटियाँ खाएँ, मैले कपड़े पहनें । सादगी का महत्त्व जितना एक गरीब के लिए है, उतना ही अमीर के लिए भी है । यदि अमीर आदमी चाहे, तो वह भी अत्यंत सादगी पूर्ण ढंग से जीवन बिताकर श्रेष्ठता प्राप्त कर सकता है ।

79

अपना चरित्र उज्ज्वल बनाएँ

बुरे काम मनुष्य को पतन के रास्ते की ओर ले जाते हैं। इससे मनुष्य का समय, संकल्प, विश्वास, धन, शारीरिक व मानसिक शक्ति नष्ट हो जाती है, जिससे व्यक्ति दुर्बल, असहाय तथा असहनशील बन जाता है। बुरे काम मानव की अधोगति का कारण हैं।

बुरे कामों से मनुष्य की संकल्प शक्ति नष्ट होती है तथा उसका मन अपवित्र बनता है, जिसके कारण मन में अशान्ति पैदा होती है। कुछ लोग अनपढ़ होने के कारण सामाजिक अंधविश्वास और कुरीतियों में खोए रहते हैं। इससे उनका अमूल्य समय नष्ट होता है। शराब, सिगरेट, बीड़ी, तम्बाखू, ड्रग्स इत्यादि नशीले पदार्थ भी बुरे कामों के रूप हैं, जो मनुष्य का तन, मन, धन सब कुछ नष्ट कर देते हैं। कुछ लोगों को अश्लील फिल्में देखना, फिल्मी गीत सुनने या अश्लील चित्रों वाली पत्रिकाएँ पढ़ने की आदत होती है। ऐसी आदतों से आदमी का कीमती समय बर्बाद होता है तथा उसके मन में व्यभिचार के ख़राब ख़्याल आते हैं।

बुरे कामों से बचकर हमें अपने जीवन के उज्ज्वल भविष्य के बारे में सोचना चाहिए। जिन चीज़ों से हमारे जीवन का हित हो सकता है, उन चीज़ों को अपने जीवन में अपनाते जाएँ। मसलन—सद्विचार, श्रेष्ठ व्यवहार, सत्संग, सद्गुण, ज्ञान, योगानुभूति आदि। ये सब चीज़ें आपकी हमारी आत्मिक शक्ति को उत्थान की ओर ले जाती हैं। चरित्र की उज्ज्वलता अथवा श्रेष्ठता सचमुच बहुत बड़ी चीज है, जिसका चरित्र श्रेष्ठ है, वही व्यक्ति महान् है। महापुरुषों के जीवन में हम 'चारित्रिक उज्ज्वलता' की विशेषता ही मुख्य रूप से देखते हैं। इसलिए कहा गया है :

Health is lost some thing is lost, wealth is lost nothing is lost, character is lost, Every thing is lost.

चरित्रवान व्यक्ति सदा सहनशील होता है। एक बार धन हमें भले ही न मिले परंतु चरित्र अवश्य हमारे पास होना चाहिए। चरित्र के खो जाने पर सहनशीलता, धीरज, विवेक आदि सब गुणों का नाश हो जाता है।

दूसरों की बुराई करना, उन्हें कष्ट पहुंचाना, संगी-साथियों, सहकर्मियों, घर-परिवार के सदस्यों के साथ बुरा व्यवहार करना, ये सब बातें व्यक्ति की मानसिकता को दुष्ट बना देती हैं। इससे उसमें दुर्गुण आ जाते हैं। इनसे दूर रहना तथा सदैव सत्कर्म करना आवश्यक है, ताकि व्यक्ति सहनशील बन सके।

80

शक्ति का दुरुपयोग न करें

शरीर साधन है इससे साधना या परोपकार कुछ भी किया जा सकता है। जब शरीर की शक्ति का उपयोग अच्छे कार्यों में किया जाता है, तो मानव के जीवन की उन्नति होती है। बुरे कार्यों में शारीरिक शक्ति व्यय करने पर मानव का पतन होता है।

शरीर-साधन के बिना साधना भी नहीं की जा सकती। मनुष्य परोपकार भी इसी के जरिए कर पाता है। शरीर निर्वाह के लिए आवश्यक आजीविका का जुगाड़ भी तन के सहारे करना पड़ता है। इस प्रकार मनुष्य का शरीर उसके जीवन में बहुत काम आता है। एक आम आदमी से लेकर महापुरुष तक यहाँ तक कि भगवान को भी अपना काम चलाने के लिए शरीर का आधार लेना पड़ता है।

कई लोग बुरी आदतों, कुसंग तथा व्यसनों के चक्कर में फँसकर अपनी शारीरिक शक्ति को क्षीण कर देते हैं। जबकि किसी भी मानव को ऐसा करने का कोई अधिकार नहीं है। मनुष्य का शरीर उसके लिए ईश्वर की ओर से मिली अमानत है। यद्यपि शरीर का निर्माण प्रकृति के पंचतत्त्वों से होता है, तथापि हम मानते हैं कि प्रभु ने हमें जीवन चलाने के लिए तन रूपी साधन दिया है। तन को प्रभु की अमानत समझने के बाद यदि हम उसे गलत कार्यों में लगाते हैं, तो यह हमारी अज्ञानता है।

यदि आप अपने जीवन में सदैव सहनशील बनना चाहते हैं, तो अपनी शारीरिक शक्ति का दुरुपयोग मत कीजिए। शारीरिक शक्ति को परोपकार में लगाने से शरीर निरोगी रहता है। जो लोग अच्छे कार्यों में अपने तन की ऊर्जा लगाते हैं, वे सदा स्वस्थ और प्रसन्न दिखाई देते हैं। उनका तन और मन सहनशील बन जाता है।

मरने के बाद मनुष्य का शरीर कुछ काम नहीं आता। उसे तो जला या दफना दिया जाता है अतः जीते जी यदि हम भले कार्यों में अपने शरीर का उपयोग कर सकें तो बेहतर होगा।

जो लोग मृत्यु के समय तक संसार की भलाई के कार्य करते रहते हैं वे आजीवन सहनशील रहते हैं। उनके लिए मानव-जीवन अमृत के समान सुखदाई वरदान बन जाता है।

81

सदा अपने मन को मंदिर मानकर चलें

सहनशीलता के लिए मन में निमित्त भाव रखना बहुत ज़रूरी है। आमतौर पर शरीर को मनुष्य अपना समझता है, परंतु हमें शरीर को प्रभु की अमानत या प्रकृति की धरोहर समझना चाहिए।

मन के अंदर अच्छे विचार तभी पैदा होंगे जब हम अपने शरीर को मंदिर मानकर चलेंगे। ऐसा समझने से भी हम सहनशीलता की शक्ति को प्राप्त कर सकेंगे। सवेरे उठकर नहाते-धोते समय हमें यही विचार मन में लाना चाहिए कि हमारा शरीर एक मंदिर की तरह तथा मेरी आत्मा उस मन्दिर में विराजमान पूज्य देव मूर्ति हैं। मैं पुजारी बनकर तन के मन्दिर को स्वच्छ कर रहा हूँ।

एक दूसरी बात है 'मन' को मन्दिर समझने की। जिस प्रकार तन मनुष्य का स्थूल मंदिर है उसी तरह मन सूक्ष्म मंदिर है। इस मंदिर में उपासना करने वाला साधक भी आत्मा ही है। मन के मन्दिर में श्रेष्ठ संकल्पों की माला का जाप प्रतिदिन हमें अवश्य करना चाहिए।

चाहे हम अपने मन को मन्दिर मानें या अपने सूक्ष्म मन को मन्दिर मानें दोनों ही बातों में हमारा भला है। इससे मनुष्य के अंदर विश्वसनीयता जैसी पवित्र भावना जन्म लेती है।

जिस प्रकार शरीर प्रकृति की धरोहर है उसी प्रकार मन भी ईश्वर की एक अमानत है। इसलिए प्रभु की अमानत मन को हमें सदा शुद्ध रखना चाहिए तथा इसमें कोई अपावन विचार नहीं लाना चाहिए।

शरीर के साथ-साथ जब हम अपने मन को पवित्र रखेंगे तो हम सम्पूर्ण रूप से स्वच्छ रह पाएँगे। कई बार शारीरिक शुद्धि के पश्चात् भी आदमी का मन साफ़ नहीं हो पाता इसलिए वह परिस्थितियों के प्रति सहनशील नहीं बन पाता।

देवी-देवताओं के जीवन में तन और मन दोनों प्रकार की स्वच्छता देखने में आती है। शरीर और आत्मिक रूप से पवित्र होने के कारण ही उनको पूज्य माना गया है।

देव पुरुष सहनशील होते हैं। जो व्यक्ति अपने तन या मन को मंदिर मानकर चलता है वह अवश्य सहनशील बन जाता है।

82

प्रत्येक कर्म निष्ठा एवं लगन के साथ करें

सहनशीलता कर्मों की पवित्रता से आती है। व्यक्ति के कर्म जितने ही शुभ और स्वच्छ होंगे उतना ही वह सहनशील भी होगा। आपने ग़लत कर्म अथवा भ्रष्ट कर्म करने वाले लोगों को ज़रा-ज़रा सी बात पर गिड़गिड़ाते, चिड़चिड़ाते या घबराते हुए देखा होगा। इसका सबसे बड़ा कारण कर्म का प्रकार है।

अच्छे कर्म करने से मनुष्य का आत्मबल बढ़ता है। जो लोग अपने पुण्य कर्मों से अथवा भलाई के कार्यों से सब लोगों की दुआएँ प्राप्त करते हैं वे जीवन में सहनशीलता अनायास ही प्राप्त कर लेते हैं। बड़े से बड़ी हानि हो जाने पर या कठिन विपत्तियाँ आने पर भी वे अपने आत्मविश्वास और विवेक से कभी डगमग नहीं होते। जल्दबाजी में किया गया कोई भी कार्य प्रशंसनीय नहीं होता। इस प्रकार के कर्मों में छोटी या बड़ी कोई न कोई त्रुटि रह ही जाती है, जिसका हमारी सहनशीलता पर बड़ा प्रभाव पड़ता है।

अपने कर्म के प्रति पूर्ण निष्ठा एवं लगन रखने से हम जीवन में सदैव सहनशील बनकर चलेंगे, क्योंकि हमारे ऐसे कर्म सफलता को प्राप्त होंगे जिससे सब लोग हमें अपना आशीर्वाद व दुआएँ देते जाएँगे। इन दुआओं की बदौलत हम जीवन की किसी भी विपदा का बड़ी आसानी के साथ मुकाबला कर सकेंगे।

खरगोश और कछुए की दौड़ वाली कहानी तो पाठकों को पता ही होगी। यद्यपि दोनों का लक्ष्य दौड़ना था किन्तु खरगोश तीव्र धावक होते हुए भी अपने लक्ष्य या कर्म के प्रति पूर्ण निष्ठा व लगन न रखकर वह दौड़ हार गया और अत्यंत मंद चाल चलने वाला कछुआ कर्म के प्रति पूर्ण आस्था व सच्ची लगन रखने के कारण जीत गया।

कर्म चाहे कितना ही सरल या साधारण क्यों न हो, हमें आलस्य या अलबेलेपन में उससे मुख नहीं मोड़ लेना चाहिए वरन् प्रतिक्षण उत्साहयुक्त होकर अपना कर्म करना चाहिए, तभी जीवन के युद्ध-मैदान में सहनशील होकर हम अपने सही लक्ष्य तक पहुँच सकते हैं।

83
जीवन में आदर्श अपनाएं

प्रत्येक व्यक्ति को अपने जीवन में कोई न कोई नियम संयम अथवा सिद्धांत अवश्य अपना लेना चाहिए। वैसे देखा जाए तो पशुओं में भी नियम होता है। मानव होकर यदि वह सिद्धांतवादी नहीं बना तो कभी सहनशील नहीं रह सकता।

संयम-नियम और सिद्धांतों से व्यक्ति के अन्दर सहनशीलता आती है। मनुष्य-जीवन के सिद्धांत कई हो सकते हैं, जैसे :

1. झूठ न बोलने का सिद्धांत अथवा सत्यवादी बनने का सिद्धांत।
2. सतमार्ग पर चलने का सिद्धांत।
3. कुसंग में न रहने का सिद्धांत।
4. व्यसन से दूर रहने का सिद्धांत।
5. मन को शुद्ध रखने का सिद्धांत।
6. शरीर को स्वस्थ रखने का सिद्धांत।
7. महापुरुषों के बताए मार्ग पर चलने का सिद्धांत।
8. ज्ञानमार्ग पर चलने का सिद्धांत।
9. शान्तिपूर्वक रहने का सिद्धांत।
10. ईमानदारी से चलने का सिद्धांत इत्यादि।

इनमें से किसी एक सिद्धांत को अपनाकर हम अपने जीवन में सहनशील बन सकते हैं। इन्हें अवश्य आजमाएं।

व्यक्ति के जीवन का कोई-न-कोई आदर्श अवश्य होना चाहिए। सदा सहनशील बनने के लिए किसी जीवनादर्श का होना आवश्यक है। उदाहरण के तौर पर श्रीराम मर्यादा पुरुषोत्तम थे, श्री कृष्ण पूर्ण अहिंसक देवता थे। अतः वे हमारे जीवन के आदर्श हैं। पुरुषों को ऐसा ही देवपुरुष बनने का पुरुषार्थ करना चाहिए। नारियाँ लक्ष्मी, गायत्री, संतोषी, वैष्णो, सरस्वती आदि देवियों के समान बनने का लक्ष्य लें, क्योंकि ये पूज्य नारियाँ उनका आदर्श हैं।

मनुष्य का आदर्श उसका संपूर्ण स्वरूप या पूज्य देव स्वरूप है। बच्चों को चाहिए कि वे राधा कृष्ण की भाँति या राम और जनकनंदनी सीता की भाँति चरित्रवान बालक बनने का प्रयत्न करें।

नर और नारी अपने श्रेष्ठ कर्म, उज्ज्वल चरित्र, सद्गुण और सदाचार के बल पर श्री नारायण और श्री लक्ष्मी के समान आदर्श मानव बन सकते हैं।

84

भेड़चाल की तरह न चलें

जब कभी हम अपनी स्वस्थिति या आत्मस्थिति को भूल जाते हैं तो हमारी सहनशीलता कमजोर पड़ जाती है। तब दूसरों के विचारों, वातावरण, परिस्थिति या दूसरों के व्यवहार का हमारे ऊपर असर पड़ जाता है।

कई लोगों की आदत ऐसी होती है कि वे स्वयं किसी बात का निर्णय लेने में अक्षम होते हैं और दूसरे लोग उनसे जैसा कहते हैं, वैसा ही वे करने लगते हैं। भले लोगों का कहना है कि किसी को कुएं में कूदते देख स्वयं भी उसमें नहीं कूद पड़ना चाहिए बल्कि परिस्थिति पर गंभीर रूप से विचार करके डूबते हुए मनुष्य को भी किसी भाँति बचाने का प्रयास करना चाहिए।

भेड़ बकरियों की एक खास आदत होती है कि वे एक बँधी बँधाई लीक पर चलती हैं। अगली भेड़ जिधर चलेगी, पिछली भी उधर जाएगी। एक बार अपनी इसी अविवेकपूर्ण प्रवृत्ति के कारण कई भेड़ें एक साथ बड़ी दुर्घटना की शिकार हुईं।

कुछ व्यक्ति चाहते हैं कि हम अच्छा बनें, परंतु औरों को ग़लत कर्म या दुर्व्यवहार करते देख वे भी यह सोचकर वैसा ही करने लगते हैं कि जब बड़े ऐसा कर रहे हैं, तो हम छोटे ऐसा क्यों नहीं कर सकते ?

यदि हमें अनुसरण ही करना है तो हम उन महान व्यक्तियों या महानपुरुषों के पद चिह्नों पर चलें, जिन्होंने अपने सच्चरित्र, त्याग, तप, बल, आत्मविश्वास, जन कल्याण की भावना तथा प्रभु भरोसे संसार में महान कर्तव्य किये हैं। ऐसे महापुरुषों की जीवन गाथाएँ आप अपने शहर की किसी भी लाइब्रेरी की किताबों में पढ़ सकते हैं।

रिटायर्ड प्रोफ़ेसर मुरारी लाल अग्रवाल बताते हैं कि व्यक्ति का दिशाहीन जीवन व्यतीत करने में कोई फ़ायदा नहीं है। यदि वह किसी एक महापुरुष के जीवन सिद्धांतों का विस्तृत रूप से अध्ययन-मनन चिंतन करे तथा उसके पद चिह्नों पर चले तो वह भी उस महापुरुष जैसी सहनशीलता तथा महानता को प्राप्त कर सकता है।

विवेक का सहारा न ले किसी की जीवन-प्रकिया का अंधानुकरण करना कदापि उचित नहीं। इससे हमारी सहनशीलता का क्षय होता है फिर जो बात दूसरों के लिए हानिकारक है वह हमारे लिए लाभकारी कैसे सिद्ध हो सकती है ?

85

जग के धोखों से स्वयं को बचाएँ

जब मनुष्य को किसी बात से या व्यक्ति से धोखा मिलता है तो वह असहनशील हो उठता है। संसार के धोखों से बचने के लिए हमें अपने जीवन में बहुत बुद्धिमान होकर चलना होगा।

इस संबंध में मुझे एक कहानी याद आती है। आप लोगों ने भी सुनी होगी। एक बार किसान की गाय ने एक बछड़े को जन्म दिया। किसान के पास धन की तंगी थी इसलिए वह गाय को उचित दाम पर बेचना चाहता था। किसान का एक पुत्र भी था, परंतु वह नासमझ था।

सुबह उठकर किसान ने अपने बेटे से कहा कि मैं गाय बेचने शहर जा रहा हूँ। गाय को अपने साथ ले जा रहा हूँ। तू खेतों में पानी देकर और बछड़े को लेकर दोपहर तक शहर चले आना परंतु रास्ते में कोई तुझे टोके तो बोलना मत, सहनशील रहना। यदि वे बछड़े के बारे में पूछें और बछड़ा खरीदने को कहें तो इसका दाम 20 रुपये बताना।

इतना कहकर किसान भोजन इत्यादि से निवृत्त हो गाय लेकर शहर की ओर चला गया। वह जानता था कि यह दुनिया ठगों की है अतः उसने चालाकी की सारी बातें अपने पुत्र को बता दीं।

किसान के बेटे ने खेतों में जाकर पानी लगाया और खाना पीना खा बछड़े को अपनी पीठ पर लादकर शहर की ओर चल पड़ा। रास्ते में उसे तीन ठग मिले। तीनों आपस में मिले हुए थे। एक ठग ने किसान पुत्र से कहा कि वह धूप में जानवर को पीठ पर क्यों लादे हुए है, जानवर निकृष्ट जीव है, अतः उसे पीठ से उतार देना चाहिए। ठग की बात सुनकर लड़के ने बछड़ा पीठ से उतार दिया और बछड़े को पैदल-पैदल चलाने लगा। कुछ दूरी पर उसे दूसरा ठग मिला। उसने किसान पुत्र से कहा कि वह इस गधे जैसे बच्चे को क्यों साथ लेकर फिर रहा है। जब लड़के ने कहा कि यह गधे का बच्चा नहीं, बछड़ा है तो ठग ने कहा कि मुझे तो यह बिलकुल मेंमना दीखता है। यदि तुम इसे बेचना चाहो, तो मैं आठ आने तुम्हें दे सकता हूँ। वैसे भी, मेमने की कीमत ही क्या होती है।

आगे बढ़ने पर लड़के को तीसरा ठग मिला। उसने लड़के से कहा कि यदि उसे मेमना बेचना हो तो आठ आने ले ले क्योंकि आगे धूप तेज पड़ रही है, कहीं पानी भी नहीं मिलेगा और शहर जाते-जाते यह जानवर मर जाएगा। मैं तुम्हें भरपेट पानी भी पिलाऊँगा।

किसान पुत्र ने पानी और आठ आने पैसों के लालच में बछड़ा ठग को दे

दिया। किंतु शहर जाकर पिता के सामने वह बहुत पछताया।

परंतु खेत में चिड़िया चुग जाने के बाद पछताने और असहनशील बनने से क्या होता है। हमें जीवन का प्रत्येक कदम सोच समझकर उठाना चाहिए तभी हम हर हाल में संतुष्ट, प्रसन्न तथा सदा सहनशील रह सकते हैं।

86

साहसी एवं त्यागी बनें

इस सम्बन्ध में मुझे महावीर हनुमान की कहानी याद आती है। आपने रामायण में पढ़ा होगा। जब रामचन्द्र जी को सुग्रीव द्वारा यह पता लग गया कि सीता को लंका का राजा रावण उठाकर ले गया है, तो वह दक्षिण में स्थित समुद्र तट पर पहुँचे। समुद्र कई योजन लंबा चौड़ा तथा अत्यंत गहरा था। इतने विशालतम समुद्र को लाँघकर यह पता लगाकर आना था कि सीता कैसी अवस्था में हैं तथा रावण ने उन्हें कहाँ कैद करके रखा है।

यही सब सोच-सोचकर सारे लोग और सभी वानर परेशान हुए जा रहे थे। अर्थात् उनकी सहनशीलता जवाब दे रही थी। तब जामवंत ने आगे आकर हनुमान को अपने सामर्थ्य तथा गौरव का स्मरण दिलाया। कहा कि उन्होंने बचपन में सूर्य को निगला, शनीचर को पछाड़ा तथा कई असुर दैत्यों को यूं ही खेल-खेल में मार भगाया। उनके लिए समुद्र लाँघना कोई बड़ी बात नहीं है।

जामवंत के वचन सुनकर महाकपि हनुमान में साहस का संचार हुआ। परिस्थिति के प्रति वे अत्यंत गंभीर तथा सहनशील बने। अपने दबे हुए साहस को प्राप्त कर उन्होंने न केवल सौ योजन लंबे समुद्र को लाँघा, बल्कि राम-रावण युद्ध के समय जब लक्ष्मण को शक्तिबाण लगा, तो वे संजीवन बूटी की जगह पूरा पहाड़ ही उठा लाए।

वास्तव में मनुष्य के मन के अंदर अपरिमित क्षमताएँ एवं योग्यताएँ हैं। यदि हम अपनी आत्मिक सामर्थ्य को सच्चे रूप से पहचान लें तो न केवल हम स्वयं सब प्रकार की परिस्थितियों में सहनशील रहेंगे बल्कि दूसरे लोगों को भी धीरज शान्ति से जीवन जीना सिखा सकते हैं।

महाभारत युद्ध के प्रारंभ में श्रीकृष्ण ने अर्जुन को भी धर्मयुद्ध के लिए प्रेरित किया था, क्योंकि अर्जुन अपना ज्ञान, सामर्थ्य खोकर परिस्थिति के प्रति दुर्बल, असहनशील बना हुआ था। अपनी क्षमता, सामर्थ्य एवं गौरव की स्मृति से हम भी इस संसार में अनेक असाधारण कार्य करते हुए अपनी सहनशीलता बनाये रख सकते हैं।

●

व्यक्ति की प्रवृत्ति उस समय असहनशील बन जाती है जब वह विभिन्न प्रकार की वस्तुओं या किसी व्यक्ति में आसक्ति रखकर हरदम उसे प्राप्त करने की इच्छा रखता है, परंतु उसे प्राप्त नहीं कर पाता।

बच्चों की एक खास आदत होती है कि उनसे उनकी कोई छोटी सी चीज

माँग लेने पर भी वे बिगड़ पड़ते हैं तथा असहनशील बनकर रो उठते हैं। इस प्रकार की आदत कभी-कभी बड़ी उम्र वाले लोगों में भी देखी जाती है। वस्तु के प्रति लगाव होने के कारण आज आदमी स्वार्थी कहलाया जाने लगा है। वह वस्तुओं का उपयोग केवल अपने या अपने परिवार वालों के ही लिए करना चाहता है। किसी तीसरे व्यक्ति को उससे लाभ मिले, यह उसे मंजूर नहीं होता।

ऐसे लोग बहुत कम होते हैं जो त्यागी होते हैं तथा अपने अधिकार की वस्तुओं का उपयोग दूसरों के सुख, लाभ या हित के लिए करते हैं। जो लोग त्याग की ऐसी आदत अपना लेते हैं उन्हें दुनिया 'महापुरुष' कहकर पुकारती है। वे जीवनभर सहनशील होकर चलते हैं।

लोभ-आसक्ति या मोह के कारण आदमी की सहनशीलता खंडित हो जाती है। त्यागी व्यक्ति त्याग के बदले में असल में सब कुछ पा लेता है, क्योंकि हर एक आत्मा उससे संतुष्ट रहती है जिसके कारण उसे जीवन में सच्ची खुशी महसूस होती है।

खुशी ही तो वह चीज है जो आदमी का 'सब कुछ' है। अपार धन दौलत होते हुए भी अगर आदमी के पास 'खुशी नहीं' तो उसके पास सचमुच 'कुछ भी नहीं' समझना चाहिए। सच्ची आंतरिक खुशी धनवानों की अपेक्षा निर्धन व्यक्तियों के भाग्य में ही अधिक होती है। जो मानव परोपकार के मार्ग पर चलकर त्यागवान बनता है, ईश्वर उसकी हर ज़रूरत बिना माँगे पूरी कर देता है। यह बात अपने आप में बिलकुल सत्य है। जीवन में कुछ त्याग करने का संकल्प सहनशीलता की स्थिति में प्राप्त करके ही आता है।

87

अधिक संचय एवं लोभवृत्ति से बचें

परिग्रह का मतलब होता है–अधिक संचय करना। यह वृत्ति लोभ के कारण ही उत्पन्न होती है। लोभ किसी भौतिक वस्तु के प्रति होता है। जब कोई चीज मनुष्य को अतिप्रिय लगती है, तो उसकी प्राप्ति का भाव सदा उसके मन में बना रहता है, जिसे लोभ कहते हैं। व्यक्ति के प्रति आसक्ति के सम्बन्ध में इसी को मोह कहा जाता है। जब कोई प्रिय वस्तु हमसे छीन ली जाती है या वह कहीं खो जाती है, तो हमारा मन असहनशील हो उठता है। हम असंतुष्ट और परेशान हो जाते हैं। इस प्रकार लोभ भी मनुष्य के दुःख और असहनशीलता का कारण है।

महावीर स्वामी, गौतम बुद्ध आदि महापुरुषों ने अपरिग्रह पर विशेष बल दिया है। उनका कहना है कि मनुष्य अपनी ज़रूरत से ज़्यादा धन इकट्ठा न करे। न ही अपने पास ज़रूरत से अधिक वस्तुएँ रखे। अन्यथा लोभ जैसे विकारों के पैदा होने की संभावना है।

मनुष्य लोभ-वृत्ति व परिग्रह के कारण आए दिन दुखी रहते हैं। अधिक चीज़ के चोरी हो जाने या लुट जाने का भय बना रहता है। इससे भी आदमी असहनशील बन जाता है। संस्कृत में एक भिखारी की कथा है। भिखारी भीख का आटा माँगकर अपना गुज़ारा करता था। अतिरिक्त आटे को वह एक घड़े में डाल देता था। जिस खाट पर वह सोता था, उसके ऊपर उसने वह घड़ा टाँग रखा था। भिखारी लोभी था। वह खाता कम था, जमा अधिक करता था। एक बार वह घड़े के आटे को लेकर सोच रहा था कि उसे नींद आ गई। नींद में उसने देखा कि वह घड़े का आटा बेचकर अपने लिए दो बकरियाँ ले आया है। दो बकरियों से अनेक बकरियाँ हो गई हैं। तब उसने एक घोड़ा खरीदा। घोड़े से उसके पास बहुत सारा धन हो गया। एक दिन उसका बच्चा आँगन में खेलता हुआ घोड़े की तरफ दौड़ता है, वह उसे बुलाता है, किन्तु बच्चा उसके पास नहीं आता है। तब वह अपने बच्चे को बुरी तरह पीटता है और उसके लात मारता है। घड़ा गिर कर टूट जाता है।

यह लोभ एवं परिग्रह वृत्ति का ही परिणाम है। लोभी व्यक्ति ख्याली पुलाव अधिक पकाता है। वह अपने धन या संचित की हुई वस्तु को अपने या दूसरों के काम में नहीं लगा पाता। इस कारण एक दिन उसकी मेहनत वृथा नष्ट हो जाती है। लोभ मुनष्य की सहनशीलता को समाप्त कर देता है। जो व्यक्ति निर्लोभी रहकर सदैव अपने आप में संतुष्ट रहता है वही वास्तविक रूप में सहनशील बन पाता है।

88

अहंकार से दूर रहें

कभी-कभी व्यक्ति का अहंकार या अभिमान भी उसकी सहनशीलता के मार्ग में बहुत बड़ी रुकावट बनकर सामने खड़ा हो जाता है। सहनशीलता के लिए अहंकार की अपेक्षा विनम्रता या विनयशीलता की आवश्यकता पड़ती है।

यदि कोई काम आपकी मर्जी के मुताबिक नहीं हुआ है तो आपको क्रोध नहीं करना चाहिए। यह ज़रूरी नहीं कि सब लोग आपकी मर्ज़ी के मुताबिक चलें। सबका सोचने और करने का नज़रिया–तरीका अपना-अपना है।

सरकारी कार्यालयों के अधिकारीगण इस प्रकार की बातें सोच-सोच कर बड़े ही परेशान रहते हैं। यद्यपि कार्यालय के नियमानुसार विभाग का प्रत्येक कार्य समय पर अपने आप पूर्ण हो जाना चाहिए, परंतु मनुष्यों से तो छोटी-बड़ी भूलें हो ही जाती हैं। आत्मचेतना के संपूर्ण जागृत न होने की वजह से लोग काम भी देरी से करके लाते हैं, जिससे ऑफिस का नियम भंग होता है, परंतु यह सब होते हुए भी हमें किसी के ऊपर अपना रौब नहीं दिखाना चाहिए।

अहंकार एक प्रकार की व्यक्तिगत कमजोरी है जिससे असहनशीलता आती है। कई लोग, जो क्रोधी स्वभाव के होते हैं, अहंकार को अपनी बहुत बड़ी ताकत समझते हैं। प्रायः कमज़ोर व्यक्ति ही ऐसा सोचते हैं, परंतु वास्तविक रूप से मजबूत या बहादुर व्यक्ति कभी घमंडी नहीं होता। वह तो अहंकार से कोसों दूर रहता है।

ज़्यादा ताकतवर आदमी ज़्यादा सहनशील होता है। सहनशील व्यक्ति में स्वयं झुकने तथा दूसरों को झुकाने की शक्ति होती है। यह सामर्थ्य घमंडी प्रकार के व्यक्ति में कभी नहीं हो सकती।

बड़ा भया तो क्या भया, जैसे पेड़ खजूर।
पंथी को छाया नहीं, फल लागे अति दूर।।

घमंडी व्यक्ति बड़ा होकर भी किसी का भला नहीं कर पाता। जैसे खजूर का पेड़ जो पथिक को छाया नहीं दे पाता और जिसके फल तक भी हर कोई नहीं पहुँच पाता। जबकि आम का वृक्ष कितना सहनशील, नम्र एवं उदार किस्म का होता है। छोटे बच्चे भी उसकी डालियों पर चढ़कर मधुर फल प्राप्त कर सकते हैं। यह आम्रवृक्ष की सहनशीलता ही है कि पत्थर मारने पर वह हमें मीठा फल देता है। इसी तरह हमें भी अपकार करने वाले के प्रति अत्यंत सहनशील रहना चाहिए। सहनशीलता का एक बहुत बड़ा उदाहरण हमें आम्रवृक्ष से सीखने को मिलता है।

सहनशील व्यक्ति को घमंडी व्यक्तियों की संगत से भी बहुत दूर रहना चाहिए क्योंकि बुरी संगत का मनुष्य के ऊपर कुछ न कुछ प्रभाव अवश्य पड़ता है। घमंडी

व्यक्ति किसी भी प्रकार से आपके जीवन को हानि पहुँचा सकता है। उसकी अहंकार या क्रोध भरी दृष्टि का अथवा उसके कटु वचनों का आपके जीवन पर बहुत गहरा प्रभाव पड़ सकता है।

घमंडी व्यक्ति असहनशील होने के साथ-साथ सदा सुख भी पाता है। उसके संबंध संपर्क में आने वाला कोई भी व्यक्ति उसकी घमंडी आदत के कारण उससे संतुष्ट नहीं हो पाता और न ही वह अपने अहंकार के कारण किसी को अपने अनुकूल बना पाता है। ऐसे लोग अपने आत्मविश्वास के साथ-साथ सभी का विश्वास भी खो बैठते हैं।

घमंडी का सिर सदा नीचा होता है। किसी को अपने रूप का घमंड है, किसी को अपने धन का। यह सभी वस्तुएँ नश्वर हैं। सदा किसी के साथ नहीं रहतीं। तब भी बहुत से व्यक्ति इस स्वभाव से दूर नहीं रह पाते। सहनशील व्यक्ति जानता है, यह सब कुछ साथ देने वाली चीज़ें नहीं हैं। इस कारण सहनशील व्यक्ति इन सब बातों से दूर ही रहता है।

89

कोमलता, हर्ष एवं मधुरता अपनाएँ

बच्चे फूल जैसे होते हैं। उनका स्वभाव कोमल होता है। पुष्पों की भाँति उनका चेहरा हमेशा खिला हुआ रहता है। हमें भी फूलों की भाँति हर्षित, छोटे पौधे तथा बच्चों की तरह कोमल बनना चाहिए, ताकि हम जीवन में अधिक सहनशील रह सकें।

बबूल या खजूर के पेड़ों में कोमलता या लचक नहीं होती, इसीलिए वे बड़ी-बड़ी आँधियों में आसानी से टूट-टूट कर गिर पड़ते हैं, जबकि छोटे पौधे तेज आँधियां चलने पर भी नहीं टूटते। कोमलता या लचीलापन होने के कारण वे नीचे झुक जाते हैं या जीवन की आँधी में सहनशील बनकर अपनी रक्षा कर लेते हैं।

कभी-कभी खुशदिली भी मनुष्य की सहनशीलता में बढ़ोतरी करने वाला गुण बन जाती है। आप हर परिस्थिति में केवल मुस्कराते रहने का गुण ही सीख लें तो आप सबसे ज्यादा सहनशील माने जाएँगे। सहनशीलता उदास होकर या रोकर दिखाई देने वाला गुण नहीं है। सच्चा सहनशील व्यक्ति वही है जो अंदर से कभी दुखी न होता हो। जो सुख-दुःख, हानि-लाभ, जय-पराजय, जीवन-मरण को संसार-नाटक का एक खेल मानकर चले।

वास्तव में, जब हम यह महसूस करने लगते हैं कि 'हमें सहन करना पड़ रहा है', तब हमारे मन की सहनशीलता ही खत्म हो जाती है। केवल इस बात को सोचते रहना, सहनशीलता नहीं है। सहनशीलता के शब्दकोश में सहनशीलता की परिभाषा कुछ और है। सहनशीलता का मतलब है शील स्वभाव से अथवा शांत स्वभाव धारण कर किसी बात को सहन करना न कि उग्र रूप से सब कुछ सहन करना। इसके लिए व्यक्ति का स्वभाव बहुत कोमल, हर्षित अथवा आनंदमय होना चाहिए।

सहनशील होते हुए किसी बात की नाराजगी अन्य के ऊपर प्रकट करना बेकार है। बहुत से व्यक्ति यही सोच-सोचकर जीवन में परेशान रहते हैं कि 'वे न जाने क्यों, सहन कर रहे हैं ?'

•

सहनशीलता केवल सैद्धांतिक वस्तु ही नहीं है, बल्कि अपने स्वभाव तथा दैनिक जीवन के कार्य-व्यवहार में भी इसका उपयोग किया जा सकता है। सैद्धांतिक (वैचारिक) या प्रायोगिक, किसी भी रूप में सहनशीलता अपनाते समय इसे किसी प्रकार की कठोर वस्तु या रूखी बात जैसी चीज़ नहीं मानना चाहिए।

सहनशीलता को यदि नीरस रूप से ग्रहण किया जाए, तो वह सच्ची सहनशीलता

नहीं कहलाती। नाजुक पेड़-पौधों में सहनशीलता का गुण होता है। थोड़ी सी हवा या आँधी चलने पर वे झुककर अपनी रक्षा कर लेते हैं और टूटने से बच जाते हैं, जबकि खजूर और बबूल जैसे बड़े-बड़े वृक्ष-झाड़ तेज आँधी की चोट सहकर टूटकर गिर जाते हैं।

पेड़-पौधे कोमल प्रकृति के होते हैं। उनमें मधुर फल लगते हैं। सच्चा सहनशील व्यक्ति भी मधुर स्वभाव लिए होता है। उसके प्रत्येक कार्य-व्यवहार में मधुरता होती है। जिस सहनशीलता में मधुरता नहीं उसे धारण करने में कोई फ़ायदा नहीं।

देखिए, दो प्रकार के व्यक्तियों की सहनशीलता में बातचीत का अंतर :

पहला व्यक्ति : क्या बताऊँ यार, जीवन में बहुत सहन करना पड़ रहा है।

दूसरा व्यक्ति : भाई मैं तो मजे में हूँ। ईश्वरीय आनंद में हूँ। सहन मैं नहीं, मेरा भगवान सखा करता है। मैं तो जगत के कर्त्तव्यों का निमित्त हूँ।

पहला व्यक्ति : बड़े भाग्य हैं। मेरे जीवन में तो उदासी और परेशानी है।

दूसरा व्यक्ति : परेशानी की क्या बात है ? हौंसला रखिए, ईश्वर सब कुछ ठीक कर देगा।

पहला व्यक्ति : इतना सहकर भी क्या मिला जीवन में आनंद नहीं आया।

दूसरा व्यक्ति : छोड़िए सब कुछ संसार एक नाटक है। स्वभाव को मधुर और सरल बनाइएगा, तो जीवन में पग-पग पर आनंद पाइएगा।

स्वभाव एवं व्यवहार में मधुरता अपनाने वाले व्यक्ति सच्चे उत्साही होते हैं। वे कभी खुद परेशान नहीं होते और न विपत्तियाँ पड़ने पर रोते हैं, बल्कि धैर्य रखकर जीवन की परिस्थितियों का मुकाबला करते हैं तथा हर हाल में खुश रहते हैं।

90

समय के अनुसार अपने को मोड़ें

कभी-कभी मनुष्य के साथ परिस्थितियाँ बड़ी विचित्र बन जाया करती हैं। आने वाले समय का आदमी को कुछ पता नहीं होता और क्या से क्या हो जाता है। सड़क दुर्घटनाओं की बात ही ले लीजिए। आये दिन हमारे देश में एक्सीडेंट (Accident) होते रहते हैं। यह एक्सीडेंट वाहन चालकों की लापरवाही तथा सड़क नियमों की अवहेलना से ही अधिकतर होते हैं। कई ट्रक चालक शराब पीकर गाड़ी चलाते हैं। उनको शराब के नशे में दिशा का सही बोध नहीं रहता। अपनी जीवन हानि के साथ-साथ वे दूसरों का भी नुकसान कर देते हैं।

आदमी में परिस्थिति के मुताबिक अपने आपको मोड़ने, अनुकूल बनाने या झुकने की प्रवृत्ति होनी चाहिए। मान लीजिए कोई वाहन चालक नशे में धुत्त होकर गलत तरफ़ (wrong side) गाड़ी चला रहा है। पीछे वाले वाहन व्यक्ति द्वारा बार-बार हार्न बजाने पर भी वह उसे साइड नहीं देता तो पीछे वाले वाहन चालक को अधिक ज़िद नहीं करनी चाहिए, बल्कि परिस्थिति समझकर अपने मन से ही समझौता कर लेना चाहिए। उसे अपने वाहन की रफ्तार धीमी कर लेनी चाहिए तथा अनुकूल अवसर की प्रतीक्षा करनी चाहिए।

एक बार दो जलयान समुद्र में आमने सामने आकर खड़े हो गये। दोनों में से कोई अपना यान पीछे या इधर-उधर मोड़ने के लिए तैयार नहीं था। दोनों यानों के यात्री काफ़ी परेशान रहे। आख़िर काफ़ी संघर्ष के बाद एक जलयान के नाविक को परिस्थिति के आगे झुकना पड़ा। जब उसने अपना जलयान मोड़ा तब जाकर 'समुद्र की समस्या' टली।

कभी-कभी हम यह सोचकर भी असहनशील हो जाते हैं कि दूसरा व्यक्ति जरा भी हमारी बात सुनने को, झुकने को या अपने आपको मोड़ने के लिए तैयार नहीं होता। समझदारी इसी में ही है कि दूसरों से जबरदस्ती अपनी बात मनवाने के बजाय हम स्वयं समय रहते अपने आपको बदल डालें।

जब हम अनुकूल बनेंगे तभी दूसरा व्यक्ति हमें देखकर अनुकूल या सहज बनने की कोशिश करेगा। कभी-कभी साथ-साथ या पास-पास रहने वाले दो व्यक्तियों के स्वभाव संस्कार भी आपस में टकराने लगते हैं और उनमें लड़ाई-झगड़ा होता है। जिसके कारण आपसी कलह होकर वातावरण अशान्तिमय बन जाता है। इस समस्या से निपटने के लिए दोनों व्यक्तियों में स्वयं को बदलने की या अपने आपको मोड़ने अथवा एक दूसरे के अनुकूल बनाने की सामर्थ्य होना चाहिए, तभी आपस में ठीक प्रकार निर्वाह हो सकता है।

अधिक समय तक साथ रहने वाले व्यक्ति भी कभी-कभी ऊब जाते हैं और एक-दूसरे के प्रति असहनशील हो जाते हैं। ज़रा-ज़रा सी बात को लेकर उनका आपस में लड़ना-झगड़ना शुरू हो जाता है।

समय रहते हुए यदि हम अपने मन के साथ तथा अन्य व्यक्ति के साथ समझौता करना सीख लें तो बहुत बेहतर होगा। इससे हमारा जीवन शान्ति के साथ व्यतीत हो सकेगा।

बड़े-बड़े आँधी तूफानों में बड़े-बड़े पेड़ इसलिए टूट या उखड़ जाते हैं, क्योंकि वे आँधी के बहाव की दिशा में अपने आपको मोड़ नहीं पाते बल्कि छोटे पेड़-पौधे आँधी या वायु के चलने की दिशा में झुक जाते हैं अथवा मुड़ जाते हैं इसलिए विपत्ति में वे बच जाते हैं।

प्रतिकूल परिस्थिति भी आँधी की तरह है जो लोग परिस्थितियों के अनुरूप अपने आपको ढाल लेते हैं, समय के मुताबिक अपने आपको मोड़ लेते हैं, वे विपदाओं के कष्टों को बड़ी आसानी से सहन कर लेते हैं।

91

अपनी जाँच स्वयं करें

मनुष्य में सहनशीलता का अभाव उसकी किसी न किसी कमी अथवा कमजोरी के कारण होता है। जिस समय मनुष्य किसी बात से दुखी या असहनशील हो उठता है तो वह दूसरों पर अपना दोष मढ़ता है जबकि सच यह है कि मानव के दुःख के लिए और कोई दोषी नहीं, केवल वह स्वयं ही दोषी है।

गीता में कहा गया है कि मनुष्य आत्मा स्वयं ही अपना दोस्त तथा स्वयं ही अपना शत्रु है। जब कोई मनुष्य अपने आत्मकल्याण की बात सोचता है, तो वह अपनी आत्मा का मित्र बन जाता है परंतु जब वह आत्मकल्याण के बजाय दूसरों की बातों में रुचि लेता है, औरों की कमजोरियाँ अथवा अवगुण देखता है तो वह अपनी आत्मा का शत्रु बन जाता है। जिस प्रकार आत्मदर्शन मानव के उत्थान में सहायक है उसी प्रकार परदर्शन या परचिंतन उसके पतन अथवा अवनति में सहायक है। जहाँ एक ओर आत्मचिंतन मनुष्य को स्वर्ग के रास्ते की तरफ ले जाता है वहीं पर चिंतन उसकी अधोगति कर उसे नर्क की ओर धकेल देता है।

यह तो हुई स्वदर्शन, परदर्शन, परचिंतन की बात। सहनशीलता का इन बातों से बड़ा गहरा संबंध है। जब मनुष्य आत्मचिंतन करता है तो वह विभिन्न परिस्थितियाँ झेलने में अपने आपको सक्षम पाता है अर्थात् वह सहनशील बनता है जबकि परदर्शन या परचिंतन में फँसकर वह अपने आपको दुर्बल, असहाय तथा असहनशील पाता है। यदि हम किसी बात से दुखी या असहनशील होते हैं तो हमें अपनी मनोदशा या आत्मस्थिति के ऊपर बार-बार विचार करना चाहिए। अपनी आत्मा की निगरानी हम स्वयं करें। देखें कि हमारे अंदर कौन-कौन सी कमजोरियाँ हैं, कौन सी बुराइयों ने हमारे अंदर घर कर लिया है।

अपने आपको सुधार कर ही हम अपनी आत्मस्थिति को मजबूत बना सकते हैं अथवा हर संकट के लिए सहनशील बन सकते हैं।

जो लोग अपने आपकी सूक्ष्म जाँच (cheking) नहीं कर पाते उनके अंदर बहुत सारी सूक्ष्म बुराइयाँ अथवा कमियाँ रह जाती हैं और वे समझते हैं कि उनके अंदर कोई बुराई नहीं है फिर जब उनको किसी बात से दुःख या परेशानी मिलती है या वे असहनशील हो जाते हैं तो उनको अपने आप पर पश्चात्ताप होता है। तब वे सोचते हैं कि उनके अंदर अवश्य कोई न कोई कमी अवश्य है।

'हे आत्मन् ! अंतर् की निगरानी कर तू अपनी'—जब मैं इस ज्ञान गीत को टेपरिकार्ड पर सुनता हूँ तो मन को बड़ी तसल्ली मिलती है। अंतर् की निगरानी या अपनी सूक्ष्म चेकिंग करने के संबंध में कुछ निम्नलिखित बातें याद रखें :

1. मनुष्य की आत्मा आज काम, क्रोध आदि विकारों के वशीभूत हो चुकी है इसलिए मानव से जाने-अनजाने गलत काम होते रहते हैं।

2. आवश्यकता है अपनी अंतरात्मा के मूल्यांकन की। कहीं ऐसा न हो कि आपके अंदर बुराइयों का प्रतिक्षण हमला होता रहे और आपको अंत में पछताना पड़े। इसलिए नित्य थोड़ा सा समय निकालकर अपने अंदर अवश्य झाँकें व स्वयं की जाँच करें। अपने अंदर मानसिक शांति व संतोष बनाये रखने के लिए इस प्रकार की निगरानी करना अनिवार्य है।

3. हम अपनी सूक्ष्म जाँच करें कि हमारा मन कहाँ-कहाँ भागता है, किधर ज्यादा आकर्षित होता है—यह सब देखना होगा, क्योंकि लापरवाही से हमें जीवन में बड़ा धोखा भी खाना पड़ सकता है।

4. मनोविकार को आप सदैव अपना दुश्मन समझें। हमें अपने अवगुणों पर ध्यान देकर उन्हें मिटाने की साधना करनी चाहिए।

5. दिन भर यदि हमसे कोई भूल हो गई हो तो रात को सोने से पहले परमात्मा से क्षमा माँग लें।

6. इस बात का हम सदैव ध्यान रखें कि कोई बुरा विचार तो हमारे मन पर आक्रमण नहीं कर रहा है।

7. सत्संग, शुभचिंतन व सद्अध्ययन से हम कुसंग व दुर्व्यसनों से बच सकते हैं सत्संग से आत्मबल तथा मानसिक शक्ति में वृद्धि होती है।

8. हमें अपने जीवन का एक-एक कदम फूँक-फूँक कर रखना चाहिए। कोई भी गलत बहाव हमें जीवन की दिशा से भटका सकता है।

9. सत्य, विवेक तथा ज्ञान का आश्रय लेकर अनेक मुसीबतों से बचा जा सकता है।

10. अंतर्मुखता अंतरात्मा की निगरानी में सबसे सहायक गुण है। आत्मकेन्द्रित होकर मनुष्य अनेक प्रकार की बुराइयों तथा बुरे विचारों से अपनी रक्षा कर सकता है।

92

मन में ज्ञान का प्रकाश फैलाएँ

असहनशीलता अज्ञान की निशानी है। अज्ञान एक प्रकार का अंधकार है और अंधकार को प्रकाश के जरिये ही मिटाया जा सकता है।

ज्ञान मनुष्य की विवेक-बुद्धि और समझ का नाम है। जब आदमी के मन में ज्ञान का प्रकाश आता है तो उसके समस्त भ्रम, संशय, विकार, अनिश्चय, अंधविश्वास, अविवेक तथा अवगुण आदि दूर हो जाते हैं। इसके फलस्वरूप मानव के अंदर सहनशीलता का भाव आता है।

अविवेक या अनिश्चय की स्थिति में मनुष्य अपनी सहनशीलता को कायम नहीं रख पाता। अज्ञान में वह बुराइयों का शीघ्र ही गुलाम बन जाता है। उसके सारे विचार दूषित हो जाते हैं तथा वह अनर्थ कर्म करने लगता है।

ज्ञान मनुष्य की आत्मा का सूक्ष्म भोजन है। जिस प्रकार आदमी का शरीर रोटी, दाल इत्यादि स्थूल चीजें स्वीकार करता है, उसी प्रकार उसकी चैतन्य शक्ति आत्म ज्ञान का भोजन ग्रहण करती है। मानव की आत्मा को ज्ञान अथवा अच्छे विचारों से बल मिलता है।

जब तक मनुष्य के दिमाग में अच्छे विचार रहते हैं तब तक वह सहनशील रहता है परंतु जब अच्छे विचारों की जगह बुरे विचार उसके दिमाग में आ जाते हैं, तो किसी न किसी बात से वह असहनशील अवश्य बन जाता है।

ज्ञान मनुष्य की शक्ति और विवेक का सूचक है, अज्ञान, दुर्बलता तथा अविवेक को प्रकट करता है। इस बात से आप सहनशीलता के क्षेत्र में ज्ञान का महत्त्व समझ सकते हैं।

जहाँ सामर्थ्य है वहीं सहनशीलता है। ज्ञान की सामर्थ्य मानव को हर परिस्थिति के प्रति सहनशील बनाती है। ज्ञान मानव को दुःख की परिस्थिति में अत्यधिक निराश होने तथा टूटने से बचाता है। वह मनुष्य को विवेक प्रदान कर परिस्थिति के प्रति सहनशील बनाता है। अतः आप ज्ञानवान बनने का प्रयत्न कीजिए। इससे आप स्वतः ही सहनशील बन जाएँगे।

93

साधना करना सीखें

जिस समय साधक पुरुष अपनी साधना प्रक्रिया को भूल साधनों के मोह में पड़ जाता है तो उसके मन में असहनशीलता उत्पन्न होने लगती है। क्योंकि भौतिक साधक उसे सुख व आत्मा-संतुष्टि देने के बजाय उसकी सुख प्राप्ति की इच्छा को और अधिक बढ़ाते हैं।

आजकल कई साधु पुरुष आरंभ में साधना के कठोर मार्ग पर चलते हुए दिखाई देते हैं, परंतु आगे चलकर वे साधना के बजाय साधनों के चक्कर में अधिक फँस जाते हैं। कई लोग तो अध्यात्म का झूठा बाना ओढ़कर साधना की आड़ में अपने सुख व ऐशो-आराम के साधन ही जुटाने में लग जाते हैं। हमारे देश में कई नेतागण भी यही दृष्टिकोण अपनाते हैं। चुनाव के समय वे 'जनता के हित में' अपना घोषणा-पत्र प्रकाशित करते हैं इसके बाद खुद ही अपनी कुर्सी से लाभ लेने में लग जाते हैं।

एक साधक अथवा समाज सेवक को साधनों का मोह अधिक नहीं करना चाहिए। इससे उसकी व्यक्तिगत सहनशीलता पर असर पड़ता है। जो व्यक्ति साधना के जितना अधिक निकट होगा उसकी सहनशीलता उतनी ही अधिक होगी। इसके विपरीत जब वह साधना की उपेक्षा और साधनों की अधिक आशा करने लगेगा तो वह पग-पग पर चिड़चिड़ा और असहनशील बनता जाएगा।

साधना एक ऐसी वस्तु है जो व्यक्ति को लंबे काल का संतोष प्रदान करती है। भौतिक साधनों से मिलने वाला सुख क्षणिक अथवा थोड़े समय का होता है। साधन समाप्त हो जाने पर वह सुख भी चला जाता है किन्तु साधना व्यक्ति के मन को लंबे समय का आत्मिक सुख प्रदान करती है।

केवल भौतिक सुख सुविधाओं एवं साधनों की प्राप्ति ही व्यक्ति के जीवन का 'अंतिम लक्ष्य' नहीं होना चाहिए। मनुष्य को परोपकार अथवा अध्यात्म की साधना करते हुए सदैव अच्छा मानव बनने का लक्ष्य रखना चाहिए।

साधनों का मोह भी एक प्रकार का मोह ही है और प्रत्येक मोह मनुष्य की सहनशीलता कम करने वाला होता है। जब साधन नहीं होता तो मनुष्य परेशान हो जाता है।

कूलर, पंखा, फ्रिज या हीटर जैसी चीजें मनुष्य को दैहिक सुख देने के लिए बनाई गई हैं न कि आत्मिक अथवा आध्यात्मिक सुख के लिए। ये भौतिक चीजें ही सब कुछ नहीं हैं, क्योंकि इन सबका आधार भी बिजली है। बिजली फेल हो जाने पर ये सब साधन काम करना बंद कर देते हैं और आदमी यही सोच-सोचकर परेशान होने लगता है कि इतने सारे साधन होते हुए भी वह किसी का सुख नहीं

ले पा रहा। साधन जुटाने में भी आदमी को मेहनत करनी पड़ती है। परिश्रम करके वह धन कमाता है और साधन इकट्ठा करता है फिर भी लाइट चले जाने पर वह उन साधनों का लाभ न ले पाए तो उसकी सहनशीलता जवाब देने लगती है।

अध्यात्म का विज्ञान सबसे बड़ा विज्ञान है। योग के फलस्वरूप आदमी जिस प्रकार का सुख चाहे वैसा अनुभव कर सकता है। योग के प्रभाव से वह गर्मी के मौसम में शीतलता की तथा सर्दी के मौसम में उष्णता की अनुभूति कर सकता है।

इस बात से सिद्ध होता है कि साधक व्यक्ति को साधनों के आश्रित न रहकर अपनी साधना को ही सब कुछ मानना चाहिए। साधना से वह हर प्रकार का शारीरिक व आत्मिक सुख प्राप्त कर सकता है।

साधना से जीवनानंद की प्राप्ति कर हम सदैव सहनशील जीवन व्यतीत कर सकते हैं।

94

स्वाभिमान बनाए रखें

मनुष्य का 'स्व' ही उसका अपना अस्तित्व अर्थात् उसकी अंतरात्मा है अतः स्वाभिमान को मनुष्य का आत्माभिमान (Soul consciousness) भी कहा जाता भी है।

आत्मा को भूल जाने के कारण आज लगभग प्रत्येक व्यक्ति अपने आपको देह समझ बैठा है। वह देह मानकर दूसरों से वार्तालाप, व्यवहार इत्यादि करता है। आजकल मनुष्यों के बीच अनेक सारे लड़ाई-झगड़े इसलिए होते हैं क्योंकि उन्हें आत्म ज्ञान नहीं है। दैहिक आधार पर वे मानव का मानव से विभाजन कर लेते हैं। अपने शरीर की तरह वे ईश्वर को भी स्थूल तथा अलग-अलग समझ लेते हैं।

हिन्दू लोग ईश्वर को भगवान कहते हैं, मुसलमान लोग उसे अल्लाह कहते हैं। जबकि भगवान और अल्लाह दोनों एक ही परम शक्ति हैं। दोनों धर्म के कट्टरपंथी एक दूसरे को सहन नहीं कर पाते, क्योंकि वे भूल जाते हैं कि वे सब वास्तविक रूप में (हिन्दू हो या मुस्लिम) आत्मा हैं। जिस प्रकार एक चैतन्य आत्म ज्योति हिन्दू व्यक्ति के मस्तक के मध्य निवास करती है उसी प्रकार की दूसरी ज्योति मुस्लिम व्यक्ति की भृकुटियों के बीच छिपी है।

ज्ञान के अभाव में और दैहिक दृष्टि के कारण मनुष्य दूसरे लोगों की आत्म-ज्योति को नहीं देख पाता। शरीर को न देख आत्मा की ओर ही देखना वास्तविक रूप का स्वाभिमान है।

स्वाभिमान से मनुष्य की दृष्टि ऊँची बनती है तथा वह परिस्थितियों के प्रति सहनशील होता है, जबकि देहाभिमान (Body consciousness) उसे पतन की ओर ले जाता है। काम, क्रोध, लोभ, मोह तथा अहंकार इत्यादि सूक्ष्म मनोविकारों अथवा बुराइयों की जड़ मनुष्य का दैहिक अहंकार या देहाभिमान ही है।

स्वाभिमान या आत्मिक स्थिति में सहनशीलता कभी खंडित नहीं होती, जबकि देह अहंकार में आकर आदमी शीघ्र असहनशील बन जाता है।

इस प्रकार अंतर्मन की सहनशीलता बनाए रखने के लिए अथवा जीवन की परिस्थितियों को झेल सकने के लिए मनुष्य का स्वाभिमानी बनना बहुत ज़रूरी है। दैहिक घमंड में आकर जब मनुष्य अपना पतन कर लेता है, तो वह अपने आप पर पछताता है।

95

शरीर को यंत्र समझकर कार्य करें

शरीर से केवल उतना ही काम लेना चाहिए जितना कि उसमें सामर्थ्य हो। यदि हम पर्याप्त शक्ति न होने पर भी सुबह से लेकर देर रात अपने शरीर को कार्य में लगाते रहें तो हम शीघ्र बीमार पड़ जाएँगे।

हमारा शरीर एक यंत्र अथवा मशीन की तरह है। प्रत्येक मशीन में कार्य करने की सामर्थ्य सीमा होती है। पाँच किलो वजन तोलने वाली तराजू पर यदि सौ किलो का वजन रख दिया जाए तो वह नहीं माप सकेगी। इससे तराजू की कमानी के टूट जाने अथवा बैठ जाने की भी संभावना रहती है।

सबके शरीर में अलग-अलग प्रकार की सहनशीलता होती है। किसी का शरीर गर्मी के प्रति सहनशील होता है तो किसी का सर्दी के प्रति सहनशील होता है। शरीर की माँग के मुताबिक ही हमें काम करना चाहिए। यदि आपका शरीर तेज धूप सहन नहीं कर पाता तो आप गर्मियों के दिनों में दोपहरी के समय इधर-उधर मत निकलिए। दफ्तर या दूकान, जहाँ आवश्यक जाना हो वहाँ सुबह जाइए और शाम को लौट आइए। इसी प्रकार सर्दी के मौसम से भी बचने का ध्यान रखिए। आप अपनी

आत्म शक्ति को शरीर की संचालक शक्ति मानकर चलिए। आप शरीर नहीं, अविनाशी आत्मा हैं, यह विचार आपके मन को अटूट शक्ति तथा सहनशीलता प्रदान करेगा।

अध्यात्म में इन बातों का बड़ा मूल्य है। प्रत्येक साधक स्वयं को देह से न्यारी चैतन्य शक्ति आत्मा मानकर साधना करता है तथा इसी आत्मस्थिति अथवा स्वस्थिति में अपने जीवन के सारे कार्य करता है।

जिस प्रकार एक यंत्र अथवा मशीन की देख-भाल करने के लिए उसमें समय-समय पर तेल डालना पड़ता है या उसके कल-पुर्जों को साफ करना पड़ता है उसी प्रकार आप अपने शरीर रूपी यंत्र को नियमित भोजन, व्यायाम, मालिश आदि के द्वारा चुस्त-दुरुस्त एवं तंदुरुस्त रखिए। इससे आप अपने शरीर द्वारा बहुत काम ले पाएँगे। जो लोग अपने शरीर की अच्छी तरह देख-भाल करते हैं, उन्हें शारीरिक रूप की कोई तकलीफ नहीं उठानी पड़ती।

शरीर स्वस्थ रहने पर आदमी का मन भी प्रसन्न रहता है। जब काया रोगी होने लगती है तो आदमी दुखी हो जाता है। हमें अपने शरीर के प्रति जरा भी लापरवाही नहीं बरतनी चाहिए। नीरोगी जीवन बिताने के लिए यह आवश्यक है कि हम शरीर की समय-समय पर देखभाल करते रहें तथा उसे आवश्यक खुराक देते रहें। अगर आपका शरीर रूपी यंत्र ठीक से काम करता रहेगा, तो आप जीवन की परिस्थितियों को आसानी से सह पाएँगे।

96

एकांत के महत्त्व को समझें

यह सच है कि कई लोगों के बीच अथवा भीड़भाड़ में मनुष्य की सहनशीलता कम हो जाती है। जहाँ कहीं शोरगुल होता है वहाँ मनुष्य का ध्यान एक साथ कई वस्तुओं की ओर चला जाता है।

एकांत का महत्त्व समझ अपने मन को एकाग्रचित्त रखकर हम अपनी सहनशीलता को बढ़ा सकते हैं। एकांतवासी होने का मतलब अपना घरबार छोड़कर जंगल में चला जाना नहीं है। सच्चा एकांत तो व्यक्ति के मन का होता है। यदि उसके मन में कोई द्वंद्व नहीं है तो वास्तविक रूप से वह एकांतवासी है। एकांतवासी होने का दूसरा अर्थ 'एक के अंत में चला जाना' है। जब हम प्रभु की शरण में चले जाते हैं, तो सच्चे एकांतवासी कहलाने लगते हैं। ऐसे एकांत से मन को संतोष तथा शान्ति की प्राप्ति होती है।

एकाग्रता मनुष्य के मन की होनी चाहिए। सच्ची एकाग्रता एक प्रभु के अग्र (आगे या सम्मुख) होना है। आध्यात्मिक मार्ग के साधक मेरी बात को जरा ज्यादा अच्छी तरह समझ सकते हैं।

लोग उपरोक्त दोनों बात अपनाने के लिए अपने घर-परिवार से दूर रहने लगते हैं। बगीचे में जाकर बैठते हैं और मन की शान्ति प्राप्त करने की कोशिश करते हैं, परंतु जब तक आपका मन पुरानी बातों या गलत विषयों की ओर लगा रहेगा तब तक आपके मन को सच्ची शान्ति नहीं मिल सकती। घर से दूर बगीचे में बैठकर भी यदि आपको अपनी घर गृहस्थी की अधिक फिक्र है, तो आप मन की सच्ची शान्ति और सहनशीलता नहीं पा सकते।

जो व्यक्ति एकाग्रचित्त रहता है उसके मन की सारी शक्तियाँ उसके वश में होती हैं, जिससे वह जीवन में सहनशीलता का गुण आसानी से अपनाये रहता है।

जो व्यक्ति एकांतपसंद होते हैं, वे परिस्थिति पर गहराई से विचार करते हैं तथा गंभीर रूप से किसी निर्णय पर पहुँचते हैं।

इस प्रकार सहनशीलता के क्षेत्र में एकांत तथा एकाग्रता का बड़ा महत्त्व है। जो व्यक्ति जीवन की इन दो महत्त्वपूर्ण बातों को अपना लेता है वह प्रत्येक कार्य में सफलता प्राप्त करता है।

97

अपने सहायक स्वयं बनें

सच्चा सहनशील व्यक्ति खुद परिस्थितियां झेलकर दूसरों के जीवन के लिए सहायक बनता है। वह असहाय और दुर्बल मुनष्यों को जीने का हौसला बँधाता है।

सहनशीलता केवल मनुष्य की व्यक्तिगत उन्नति के लिए नहीं है। यह समाज के सभी वर्ग के लोगों के लिए सुख का वातावरण पैदा करती है। यदि हम अकेले हैं तो हमें निराश होने की आवश्यकता नहीं है, क्योंकि परमात्मा हमारे साथ है। सच्चे मुनष्यों की मदद भगवान ज़रूर करता है।

'धन्य हैं वे मुनष्य जो सहनशील हैं, क्योंकि वही परमेश्वर के स्वर्गराज्य के उत्तराधिकारी बन सकेंगे।' यह बात पहले भी कही जा चुकी है फिर भी उचित है। यह सच है कि सहनशीलता मनुष्य को ईश्वर के निकट पहुँचा देती है। भविष्यवाणियाँ कहती हैं कि इस शताब्दी के अंत में मनुष्यों को कई प्रकार के दुःख और कष्ट झेलने पड़ेंगे। एक तरफ प्राकृतिक हलचल होगी, दूसरी तरफ शारीरिक रोगों से कष्ट मिलेगा। परमात्मा कहते हैं कि मनुष्यों के आसुरी स्वभाव भी उन्हें बहुत दुःख देंगे। भारतवासियों को भी यह सब कष्ट सहना होगा। वैसे आज भी, हमारे देश पर क्या कम कष्ट है ? राष्ट्र प्रतिदिन विदेशी कर्ज में डूबता जा रहा है। देश में जगह-जगह गरीबी, भुखमरी, भ्रष्टाचार, व्यभिचार, अन्याय, अत्याचार, पाप, दुर्बलता तथा अज्ञान का साम्राज्य छा रहा है।

इस समय हमारे भारत राष्ट्र की स्थिति बड़ी दयनीय है। समय को देखते हुए हमें बड़े धीरज तथा सहनशीलता के साथ चलना होगा। ईश्वर का कहना है कि ये दुःख के दिन भी अधिक नहीं रहेंगे। दुर्दिनों की रात के बाद सुख के दिन का सवेरा अवश्य होता है। अतः हम धीरज रखें तथा अपने सहायक खुद बनें, क्योंकि आज के समय में मदद माँगने से नहीं मिलती। यदि हमें मदद माँगनी है, तो प्रभु से माँगें। वही हमारी आत्मा को बल दे सकता है।

पाठक यह न समझें कि मैं आने वाली नाजुक परिस्थितियों की बात कहकर उन्हें भयभीत कर रहा हूँ, बल्कि मैं तो केवल आपको यह चेतावनी दे रहा हूँ कि यदि विषम परिस्थितियों में आप सहनशील नहीं रहे तो आपको महान कष्ट सहना होगा।

परमात्मा मेरे देशवासियों को तथा सारे विश्व के लोगों को कष्ट सहने की शक्ति प्रदान करे। जहाँ तक हो सके, हम एक दूसरे के सहायक बन दुर्दिन के कष्ट दूर करने का प्रयास करें।

98

संसार में अपने को अकेला न समझें

वैसे तो आदमी ईश्वर के घर से संसार में अकेला ही आता है और अकेला ही उसे वापिस जाना पड़ता है परंतु कभी-कभी हम यह भूल जाते हैं कि ईश्वर के साथ हमारा कुछ संबंध है। हम सचमुच भूल जाते हैं कि वह हमारा पारलौकिक माता-पिता, शिक्षक, सद्गुरु, सखा, साजन इत्यादि है। ईश्वर को भूलकर हम व्यक्तियों को ही अपना सगा संबंधी मान लेते हैं।

जब कोई किसी से रूठ जाता है तो रूठने वाला व्यक्ति अपने आपको अकेला समझने लगता है। जब कोई उसका कहा नहीं मानता तब भी वह अपने आपको अकेला समझता है। मनुष्य को अकेलेपन का अहसास बुढ़ापे में सबसे ज़्यादा सताता है।

यह सत्य है कि इस संसार में सच्चा साथी मनुष्य का कोई भी नहीं है। सच्चे साथी का मतलब है सदा साथ रहने वाला। मनुष्य की जब मृत्यु आती है तो सब उसका साथ छोड़ देते हैं। इतने पर भी ईश्वर उसके साथ रहता है।

ईश्वर ही वास्तव में मनुष्य का सच्चा साथी है क्योंकि वह मृत्यु के बाद भी आदमी का साथ नहीं छोड़ता इसीलिए तो मरते समय परेशान होकर मनुष्य भगवान को पुकारता है।

नास्तिक लोग ईश्वर को अपना साथी नहीं मानते इसलिए उन्हें पग-पग पर निराशा अथवा हतोत्साह का सामना करना पड़ता है। आस्तिक लोग ईश्वर को अपना सब कुछ समझते हैं इस कारण वे जीवन में कभी भी अकेलापन महसूस नहीं करते।

वैसे तो मनुष्य का शरीर भी उसका अपना नहीं, प्रकृति का दिया एक उपहार है इसलिए संसार में मनुष्य का अपना कुछ नहीं, वह नितांत अकेला है फिर भी ईश्वर पिता के होते हुए अकेलेपन का अहसास हमें नहीं करना चाहिए।

हमें सोचना चाहिए कि संसार में कुछ भी हमारा नहीं है परंतु हम नितांत अकेले भी नहीं हैं। भगवान हमारा सखा और साथी है। वह हमारे जीवन की नैया पार लगाने वाला है।

यदि हमने ईश्वर को भूल कभी अपने आपको अकेला समझा तो हम सहनशीलता का विशेष गुण कभी प्राप्त नहीं कर सकेंगे।

99

सप्ताह में एक दिन मौन व्रत रखें

कहते हैं कि मौन में बड़ी शक्ति होती है। यदि हम सच्चे मन से सहनशील बनना चाहते हैं तो हमें शान्ति का अनुभव सीखना होगा। शान्ति की अनुभूति तभी हो सकती, जब हम कुछ समय मौन तथा अंतर्मुखी रहें।

मौन की तरह व्रत-उपवास का भी अपना महत्त्व है। वैसे उपवास का मतलब परमात्मा के निकट (उप+वास) रहने से है। प्राचीन काल में शारीरिक सामर्थ्य बढ़ाने के लिए ऋषि-मुनि सप्ताह में एक दिन उपवास रखते थे। इससे शरीर के पाचन-संस्थान को बड़ा बल मिलता है।

उपवास और व्रत से मनुष्य में भूख सहन करने की शक्ति अर्थात् सहनशीलता आती है। यदि हम सप्ताह में एक दिन उपवास न रख सकें तो महीने में कम से कम एक दिन खाली पेट रहें। इससे शरीर के पाचन तंत्र को आराम मिलेगा तथा वह पुनः दुगुनी शक्ति से अपना काम कर पाएगा।

यदि कई जने मिलकर एक सच्चे व्यक्ति पर झूठा दोषारोपण कर रहे हों तो सच्चे व्यक्ति का मौन रहना ही उचित है। मौन रहने से वह परिस्थिति के प्रति अधिक सहनशील रह सकेगा।

उपवास तथा मौन आदि उपाय मनुष्य को सहनशील तो बनाते ही हैं, साथ ही वे व्यक्ति की आत्मोन्नति में भी सहायक बनते हैं।

मौन से मन की समस्त शक्तियाँ एकाग्र होती हैं इससे व्यक्ति एकाग्रचित्त होकर अपने काम में पूरा मन लगाता है। इस भाँति लग्नपूर्वक किया गया कार्य सफल अवश्य होता है।

मौन का अर्थ होता है–शान्ति अथवा चुप रहना। मौन जीवन की एक सकारात्मक अभिक्रिया है। मौन कायरों का अलंकार नहीं बल्कि बहादुरों का शृंगार है। मौन का सीधा-सादा अभिप्राय सत्याग्रह और अहिंसा है।

देवी देवताओं की भाषा भी सूक्ष्म इशारों या मौन की भाषा होती है। व्यर्थ का अधिक प्रलाप व वार्तालाप मनुष्य की मूर्खता को सिद्ध करता है। बातों को इशारे से समझना ही बुद्धिमानी है। मौन रखने वाला व्यक्ति गंभीर, अंतर्मुखी और सदा सुखी होता है। छोटी-मोटी बात से उसका चित्र चलायमान या डगमग नहीं होता। जीवन की विकट परिस्थितियों में भी वह घबराता व हारता नहीं है। ऐसा मनुष्य अपने कर्त्तव्य-पथ पर सदा अचल रहता है।

100

अधिक वाचाल होने से बचें

मनुष्य की मानसिक ऊर्जा कई प्रकार से कार्यों में व्यय होती है। परीक्षण द्वारा ज्ञात किया गया है कि सबसे कम ऊर्जा लिखने में, उससे अधिक बोलने में तथा सर्वाधिक ऊर्जा हाथ-पैर द्वारा कोई कार्य करने में खर्च होती है।

बोलने में ऊर्जा या शक्ति का कुछ न कुछ क्षय अवश्य होता है। कुछ लोग सारे दिन कुछ न कुछ बोलते रहते हैं अधिक बोलने वाले व्यक्ति का मन किसी भी बात पर एकाग्र नहीं हो पाता तथा वह अपने मन में खालीपन सा महसूस करता है। इससे उसकी सहनशीलता में भी कमी आती है।

ज्यादा बोलने वाले व्यक्ति को सहनशीलता के क्षरण (क्षय) के अलावा मानसिक अशान्ति, परेशानी, तनाव और चिड़चिड़ाहट जैसी कठिनाइयाँ भी उठानी पड़ती हैं। कभी-कभी तो वाचाल व्यक्ति की जान पर भी बन आती है।

इस संबंध में मुझे एक कहानी याद आती है। एक कछुए की दो हंसों से मित्रता थी। हंसों को कम बोलना पसंद था, किन्तु कछुआ वाचाल होने के कारण सारे दिन कुछ न कुछ बोलता रहता था। एक दिन कछुए ने अपने मित्रों से आकाश की सैर करने की इच्छा जाहिर की। हंसों ने कहा कि वे उसे आकाश की सैर तो करा देंगे किन्तु उसे हमारी एक शर्त माननी पड़ेगी। कछुए ने शर्त मंजूर कर ली। शर्त के मुताबिक उसे आकाशमार्ग की सैर करते समय बिलकुल न बोलना था।

हंसों ने कछुए को आकाश की सैर कराने का कार्यक्रम बनाया उन्होंने अपनी चोंच से एक लंबी लकड़ी पकड़ ली तथा कछुए से कहा कि वह लकड़ी को कसकर अपने मुँह में दबाकर रखे और मार्ग में बिलकुल न बोले। कछुए ने वैसा ही किया। हंस उसे लेकर आकाश में उड़ चले। कछुए को आकाश की सैर करते हुए बड़ा आनंद आ रहा था।

अचानक एक स्थान पर कछुए ने देखा कि एक किसान मरियल गाय को पीट रहा है। वाचाल होने के कारण उसका संयम टूटने लगा। वह उस निर्दय किसान की शिकायत अपने मित्रों से करने वाला था, परंतु कुछ सोचकर चुप हो गया। थोड़ा आगे चलने पर उसने देखा कि पृथ्वी पर एक हिरन भागा जा रहा है तथा शिकारी धनुष लेकर उसके पीछे दौड़ रहा है। अब तो कछुए से रहा न गया। उसने सोचा कि मनुष्य सचमुच कितना कठोर प्राणी है, जो जीवों पर तनिक दया भाव नहीं रखता। कछुए ने अपने मित्रों को वह बात बताने के लिए जैसे ही मुख खोला, वैसे ही वह धड़ाम से पृथ्वी पर आ गिरा।

अधिक बोलने वाले प्राणी की ऐसी ही गति होती है। वाचाल व्यक्ति अपने

मन वचन पर नियंत्रण न रख पाने की वजह से सहनशीलता तोड़ देता है। उसका धीरज जरा-जरा सी बात पर जल्दी ही खो जाता है। फलस्वरूप घबराहट एवं परेशानी के भाव उसके चेहरे पर दिखाई देने लगते हैं।

आपने ऐसे कई व्यक्तियों को देखा होगा जो अधिक वाचाल होने के कारण स्वभाव से प्रायः चिड़चिड़े तथा असंतुष्ट रहते हैं। ज्यादा समय तक बोलने से हमारे मन की कई शक्तियाँ नष्ट हो जाती हैं, जिससे मन में अशान्ति उत्पन्न होती है। साथ ही सहनशीलता का भी नाश हो जाता है।

यदि हमें बोलना आवश्यक हो तो हम बहुत थोड़े से शब्दों में अपनी बात कहकर समाप्त कर दें। अंतर्मन की सहनशीलता बनाए रखने के लिए हमें सदैव धीमी आवाज में बातचीत करनी चाहिए और बोलते समय हम वाणी की मधुरता का गुण बिलकुल न खो दें। मधुरता के साथ, धीमे स्वर में, कम बोलने वाले व्यक्ति ही श्रेष्ठ (Royal) समझे जाते हैं।

101

विकृत कामवासना त्यागें

श्री भगवानुवाच :

"काम एष क्रोध एष रजोगुणसमुद्भवः।[1]

महाशनो महापाप्मा विद्धयेनमिह वैरिणम्।। श्री मद्भगवद्गीता अ. 3ए श्लोक 37

धूमेनाव्रियते वह्निर्यथाऽऽदर्शो मलेन च।

यथोल्बेनावृतो गर्भस्तथा तेनेदमावृतम।।[2] गीता अ. 3, श्लोक 38

आवृतं ज्ञानमेतेन ज्ञानिनो नित्यवैरिणा।

कामरूपेण कौन्तेय दुष्पूरेणानलेन च।।[3] गीता अ. 3, श्लोक 39

इन्द्रियाणि मनो बुद्धिरस्याधिष्ठानमुच्यते।

एतैर्विमोहयत्येष ज्ञानमावृत्य देहिनम्।।[4] गीता अ. 3, श्लोक 40

तस्मात्त्वमिन्द्रियाण्यादौ नियम्य भरतर्षभ।

पाप्मानं प्रजहि ह्येनं ज्ञानविज्ञाननाशनम्।।[5] गीता आ. 3, श्लोक 41

एवं बुद्धेः परं बुद्ध्वा संस्तभ्यात्मानमात्मना।

जहि शत्रुं महाबाहो कामरूपं दुरासदम्।।[6] गीता अ. 3, श्लोक 43

गीता के उपरोक्त श्लोक अनुसार विकृत कामवासना ज्ञान विज्ञान का नाश करने वाली है। परमात्मा हमें विकृत कामवासना त्यागने के लिए कहते हैं, ताकि हम जीवन में सहनशील बन सकें। जब विकृत काम की दुर्भावना व्यक्ति के मन से निकल जाती है तो वह मन-वचन-कर्म से पवित्र बन जाता है। मानसिक पवित्रता के कारण सुख शान्ति, संतोष, धीरज, सहनशीलता इत्यादि सद्गुण उसके पास आ जाते हैं।

श्री मद्भगवद्गीता में परमात्मा द्वारा विकृत काम, क्रोध आदि बुराइयों को

---

1. श्री भगवान बोले—रजोगुण से उत्पन्न हुआ यह काम ही क्रोध है, यह बहुत खाने वाला अर्थात् भोगों से कभी न अघाने वाला और बड़ा पापी है, इसको ही तू इस विषय में वैरी जान।
2. जिस प्रकार धुएँ से अग्नि और मैल से दर्पण ढक जाता है तथा जिस प्रकार जेर से गर्भ ढका रहता है वैसे ही उस काम के द्वारा यह ज्ञान ढका रहता है।
3. और हे अर्जुन ! इस अग्नि के समान कभी न पूर्ण होने वाले कामरूप ज्ञानियों के नित्य वैरी के द्वारा मनुष्य का ज्ञान ढका हुआ है।
4. इन्द्रियाँ, मन और बुद्धि—ये सब इसके वास स्थान कहे जाते हैं। यह काम तन, मन, बुद्धि और इन्द्रियों के द्वारा ही ज्ञान को आच्छादित करके जीवात्मा को मोहित करता है।
5. इसलिए हे अर्जुन ! तू पहले इन्द्रियों को वश में करके इस ज्ञान और विज्ञान का नाश करने वाले महान पापी काम को अवश्य ही बलपूर्वक मार डाल।
6. इस प्रकार बुद्धि से परे अर्थात् सूक्ष्म, बलवान और श्रेष्ठ आत्मा को जानकर बुद्धि के द्वारा मन को वश में करके हे महाबाहो ! तू इस कामरूप दुर्जय शत्रु को मार डाल।

खत्म करने के लिए कहा गया है। यह एक प्रकार का अदृश्य और अहिंसक युद्ध है, जो व्यक्ति के मन-मस्तिष्क या उसकी अंतरात्मा में चलता रहता है।

सद्ज्ञान के सहारे हम विकृत काम पर विजय प्राप्त कर सकते हैं तथा अपने आपको पूर्ण सुखी, पवित्र, ईमानदार, सत्यनिष्ठ, मर्यादित एवं सहनशील बना सकते हैं।

● ● ●